Nicole-Kristin Dürksen

Mangoreis und Kinderlachen

Eine Reise durch Thailand zu mir

Nicole-Kristin Dürksen, Jahrgang 1983, lebt mit ihrer Familie im Münchner Umland. Schon seit frühester Kindheit fasziniert sie alles Unbekannte und Neue. Ihre Liebe zu Kindern führte sie nach Thailand und zu sich selbst. Sie studierte Pädagogik, machte eine Ausbildung zur Bankkauffrau und eine zur Erzieherin. Nach ihrer Reise arbeitete sie über 15 Jahre im pädagogischen Bereich. Heute hilft sie als PR-Beraterin anderen dabei, ihre Herzensprojekte sichtbar zu machen.

«Es muss von Herzen kommen,
was auf Herzen wirken soll.»
Johann Wolfgang von Goethe

Die Deutsche Nationalbibliothek verzeichnet diese Publikation in der Deutschen Nationalbibliografie; detaillierte bibliografische Daten sind im Internet über http://dnb.dnb.de abrufbar.

ISBN 978-3-7693-0015-4

Verlag: BoD • Books on Demand GmbH, In de Tarpen 42, 22848 Norderstedt
Druck: Libri Plureos GmbH, Friedensallee 273, 22763 Hamburg

Lektorat: Tanja Giese, www.im-selbstverlag.de
Umschlaggestaltung, Layout, Illustration: Alexia Selbach,
www.alexiaselbach.blog
Buchsatz: Franziska Junghans, Ka & Jott GbR,
www.ka-und-jott.de

2007

«Das Geheimnis der Veränderung besteht darin, deine ganze Energie darauf zu konzentrieren, Neues aufzubauen, statt Altes zu bekämpfen.»

Sokrates

Spontan sein.

Etwas Verrücktes unternehmen, ohne lange darüber nachzudenken.

Sich trauen und das Unbekannte wagen.

Genau das habe ich getan. Ich habe mich auf ein Abenteuer eingelassen, welches ich nie vergessen werde.

Anfang 2007 wachte ich in meiner kleinen, viel zu teuren Wohnung am Ortsrand von München auf und dachte mir: *So kann es nicht weitergehen.*

Ich hatte mit Trainingsanzug, Daunenweste, Schal und Wollsocken geschlafen! Im 21. Jahrhundert!

Doch dank meines kaputten Nachtspeicherofens waren mir die Annehmlichkeiten unserer modernen Zivilisation verwehrt. Erst später sollte mir klar werden, dass dies schon der Vorbereitung einer großen Veränderung diente.

An jenem besagten Morgen war ein Punkt erreicht, an dem ich beschloss, mein Leben komplett zu verändern. Von heute auf morgen kündigte ich meine Wohnung, ohne genau zu wissen, wohin mich meine Reise führen würde. Ich hatte einfach Vertrauen. Vertrauen in den Lauf des Lebens.

Meine Vermieter anscheinend nicht, denn diese fielen aus allen Wolken, als sie von meiner Kündigung erfuhren. Schließlich wohnte ich erst ein halbes Jahr in ihrer Wohnung. Doch bei einem Single Anfang zwanzig wie mir sollte man eben auf alles vorbereitet sein.

Sie hatten sich offenbar schnell von dem ersten Schreck erholt und präsentierten mir erstaunlicherweise schon nach wenigen Tagen eine begeisterte Nachmieterin und ich wurde gebeten, innerhalb der nächsten zwei Wochen auszuziehen. Nachdem die anfängliche Freude darüber, dass ich der lästigen Kündigungsfrist von drei Monaten entkommen konnte, verflogen war, wurde mir erst bewusst, dass ich umziehen würde, und zwar bald.

Da es auch für mich unmöglich war, innerhalb von zwei Wochen eine neue Wohnung zu finden, vor allem in dem «kleinen Dorf» München, beschloss ich spontan, vorübergehend zu meiner Mutter zu ziehen. Aber wie es Wohnungen anderer so an sich haben, sind diese meist schon komplett eingerichtet. Ungünstig, wenn man eine zweite voll möblierte Wohnung hineinstellen möchte. So habe ich viele meiner Möbel kurzerhand verkauft!

Dank meines innigen Vertrauens in den Lauf des Lebens klappte dies auch fast reibungslos. Leider nur fast. Am Ende blieb mein Bett in meiner leeren Ex-Wohnung zurück. Der kleine Keller bei meiner Mutter war schon voll und eine Axt hatte ich auch keine in der Nähe.

Mit der Hilfe meines Bruders – und mehrere gequetschte Finger später – war nach einiger Zeit auch dieses Bett zerlegt und irgendwie doch noch in dem kleinen Keller verstaut worden. Die Keller-tür musste ab diesem Zeitpunkt aber mit äußerster Vorsicht geöffnet werden – außer man fand es lus-tig, sich von einem Lattenrost erschlagen zu lassen

So zogen ein paar Tage ins Land. Bis ich mit meinem Bruder einen Informationsabend für Aus-landsreisen in München besuchte. Er hatte sich zu diesem Zeitpunkt in den Kopf gesetzt, für ein Jahr ins Ausland zu gehen, um dort zu reisen und zu arbeiten. Zuerst favorisierte er Frankreich. Die-ses Vorhaben scheiterte jedoch kläglich an seinen Französisch-Kenntnissen.

Nun gut, er hatte ja noch die Wahl zwischen Neuseeland und Australien. Diese Entscheidung sollte ihm der Besuch des Infoabends erleichtern. Gegen Ende der Veranstaltung erwähnte die Vor-tragsleiterin in wenigen Sätzen etwas von Frei-willigenarbeit im Ausland. In der Vorhalle lägen entsprechende Handzettel für Interessenten bereit. Ich dachte mir: *Klasse, das siehst du dir mal an.* Nicht ahnend, dass dies der Beginn eines einzigartigen Abenteuers werden sollte

Zu Hause bei meiner Mutter sortierte ich spaßeshalber meine Informationsblätter danach aus, welches Land überhaupt infrage kommen würde, sollte ich so etwas machen wollen. Man merkt schon, geplant war zu diesem Zeitpunkt noch überhaupt nichts. Es schieden zuallererst alle spanischsprachigen Länder aus. Auf Tiere hüten in Kanada oder Südafrika hatte ich auch keine große Lust und so blieb dann nur noch die Entscheidung zwischen Indien und Thailand.

Eine sehr leichte Entscheidung, nachdem mir der erste thailändische Tempel ins Auge fiel. Mich interessierte der Buddhismus schon von klein auf. Bei dieser Art von Freiwilligenarbeit handelt es sich darum, vor Ort eine Lehrerfunktion einzunehmen und die Kinder und Jugendlichen in Englisch zu unterrichten.

Ein kurzes Telefonat mit der verantwortlichen Organisation später hatte ich die Zusage, da sie zum nächsten Termin noch einen Platz frei hätten. Dieser Termin lag nicht einmal drei Wochen in der Zukunft. Meiner Überzeugung nach ist alles, was schnell geht, richtig. Die Überraschung meiner Familie und Freunde war, wie man sich vorstellen kann, groß! Vor allem da ich beschlossen hatte, allein – als Frau – ins Ausland zu gehen! «Kind, wie kannst du nur?»

10

Das benötigte Visum bekam ich problemlos.

Nun fehlten laut meinem Impfpass nur noch zwei Impfungen. Polio und Typhus. Am nächsten Tag bekam ich die eine in die linke Schulter, die andere in die rechte. Von einem echten Experten! Er war lange Jahre in Afrika tätig gewesen und konnte das Spritzensetzen sehr gut. Wirklich!

Die einzig Unvernünftige bei der ganzen Geschichte war ich, wer sonst. Ich bildete mir nämlich ein, abends unbedingt noch zum Tanzen gehen zu müssen. Und wie heißt es bei James Bond so schön: «geschüttelt, nicht gerührt». Dies konnte man dann auch auf meine beiden geimpften Schultern übertragen. Nach einigen Runden Cha-Cha-Cha fand ich mich am nächsten Tag in der Notaufnahme eines Krankenhauses wieder. Irgendetwas – eventuell das Tanzen – hatte meinen Körper mit konstanten 40 °C Fieber und absoluter Erschöpfung reagieren lassen.

Zeitweise sah ich mein Thailandvorhaben schon in weite Ferne rücken. Einzig und allein beruhigte mich meine Reiserücktrittsversicherung. Es ist doch immer wieder gut, auf alle Eventualitäten vorbereitet zu sein.

Daran dachte ich auch, als ich ein paar Tage später die eine Seite meines Koffers mit einer großen Auswahl deutscher Medikamente vollpackte. Was musste die deutsche Apothekerin auch gleich so mütterlich reagieren, nur weil man in die Provinz

Thailands fliegt und nicht in einem Fünf-Sterne-Hotel mit Ärzteteam residiert! Die gute Frau überschlug sich schier mit Empfehlungen, was ich denn alles unbedingt mitnehmen müsste! Wunddesinfektionsspray – und doppelt hält anscheinend besser – auch gleich noch die Version als Puder. Mullbinden in allen Größen, Einwegspritzen samt Nadeln, Vitaminpräparate, Magnesium- und Kalziumtabletten und einiges mehr. Mit dem guten Gewissen, im Norden Thailands ein Krankenhaus errichten zu können, konnte ich nach einiger Zeit die Apotheke dann doch wieder verlassen.

In den Tagen vor meiner Abreise verabschiedete ich mich von all meinen Freunden und meiner Familie.

Endlich war es so weit: Der Tag X war gekommen! Ich saß in einem Bistro des Münchner Flughafens und wartete gespannt auf mein Boarding.

Kurze Zeit später erhob sich der Airbus vorsichtig in die Lüfte. Das Abenteuer begann.

16. März

Ich bin da

«Der Anfang ist die Hälfte des Ganzen.»
Aristoteles

Nun befinde ich mich sicher und todmüde im Land des Lächelns. Es ist einfach wunderschön, endlich da zu sein.

Hier herrscht Hochsommer! Im März.

Mein Nonstop-Flug war klasse. Ich hatte zwei Plätze am Fenster für mich allein. Mein Sitznachbar verließ mich nach gut einer Stunde Flug, da er schon aussteigen musste. Nein, natürlich nicht. Da das Flugzeug nicht ganz besetzt war, konnte er sich auch zwei Plätze für sich allein sichern. Leider konnte ich auch mit der neugewonnenen Beinfreiheit nicht viel schlafen. Wenn es hochkommt, vielleicht eine Stunde.

Ich bin unendlich müde, das kann man sich nicht vorstellen!

Um vier Uhr nachts, deutsche Zeit, landete ich in Bangkok. Vor Ort war es schon neun Uhr morgens.

Mein Frühstück hatte ich schon im Flugzeug bekommen. Ein komisches Gefühl, denn für meinen Magen war es zum Zeitpunkt der Nahrungsaufnahme noch mitten in der Nacht. Also handelte es sich dabei um ein Früh-Frühstück.

Dann hieß es in Bangkok auschecken und für den Inlandsflug am gleichen Flughafen, aber am anderen Ende, wieder einchecken. Ich musste also leider doch den kompletten Flughafen durchqueren! Und dieser war groß. Sehr groß!

Mein Flug mit Thai Air nach Udon Thani im Norden Thailands war dann ein Erlebnis. Die kleine Maschine nahm jedes Luftloch mit, das sie finden konnte! Zum Glück dauerte der Flug nur eine Stunde.

Mein Koffer hatte die beiden Flüge nicht so gut überstanden. Er musste schon ein Rad opfern. Das kommt davon, wenn man sich seinen Koffer auch im Supermarkt kauft, bloß weil er im Sonderangebot ist! Na ja, dann bleibt er eben in Thailand.

Vor dem Flughafen Udon Thani ist mir noch etwas Lustiges passiert: Der Plan war, nach Nong Khai zu meinem *Hauptquartier* im großen Flughafentaxi zu fahren.

Ich saß schon drin. Die Türe stand noch offen. Und auf einmal schrie ein Mann winkend meinen Namen!

Große Verblüffung meinerseits.

Es war der Chef meiner Organisation vor Ort.

14

Er kam zu dem Schluss, dass es sich bei der einzigen Deutschen zwischen lauter Thailändern um seinen neuen Zögling handeln musste. Ich war so erstaunt, mitten in der Fremde meinen Namen zu hören. Das war ziemlich lustig! Er hieß mich kurz willkommen und sagte mir, dass wir uns später wiedersehen, da er noch etwas erledigen musste.

Für nur umgerechnet drei Euro war ich eine Stunde später in meinem neuen Hauptquartier.

Die Italiener fahren im Gegensatz zu den Thailändern ziemlich anständig Auto. Was habe ich geschwitzt! Und nicht nur wegen der Hitze!

Ich habe hier schon mehrere Internetcafés entdeckt, um den Kontakt in den Westen aufrechtzuerhalten. Dreißig Minuten surfen kosten umgerechnet zwanzig Cent. Das finde ich prima. Das ist hier somit, was ich bis jetzt so gesehen habe, die teuerste Investition.

Nach meiner Ankunft im Hauptquartier habe ich noch eine Freiwillige aus Deutschland getroffen. Sie zeigt mir gleich in der Stadt noch einiges. Vor allem die wichtigsten Anlaufstationen wie Supermärkte, Banken, Apotheke und was man sonst noch so braucht.

Gleich bei meiner Ankunft habe ich etwas Wundervolles erfahren. Am Sonntag werden wir früh abgeholt und verbringen eine Woche bei Gastfamilien. Das Camp, in dem wir nächste Woche unterrichten, befindet sich nämlich außerhalb von

Nong Khai! Darauf freue ich mich schon sehr! Dort lerne ich die thailändische Kultur gleich hautnah kennen.

17. März

Thai-cooking-lesson

«*Kochen ist eine Kunst,
die Liebe und Freude schenkt.*»
Jaques Pepin

Heute war ein sehr ereignisreicher und langer Tag!

Um sechs Uhr morgens wachen wir im Hauptquartier auf. Wir, das sind noch eine weitere Deutsche aus Bonn, ein Mädchen aus New Jersey und ich. Zu dritt teilen wir uns ein wirklich süßes, kleines Zimmer. Ich schlafe in einem Hochbett in der oberen Etage. Meine Füße hängen dabei etwas über den Rand des Bettes hinüber. Aufgrund meiner langen Anreise habe ich geschlafen wie ein Stein! In meinem Haus wohnen insgesamt zwölf Volunteers. So nennt man Freiwillige auf Englisch.

Drei Deutsche (mit mir), zwei Amerikaner und sieben Holländer! Der Großteil der anderen kam wie ich gestern an oder würde heute im Laufe des Tages ankommen. Das bedeutet für uns, dass wir eine komplett neue Gruppe bilden würden. Wie genial!

Nach dem Frühstück haben wir erst einmal auf eigene Faust die Stadt erkundet, Nong Khai. Später hat uns Nick, ein Thailänder von unserer Organisation, dann noch einmal herumgeführt.

Mittags gibt es für nur fünfzig Cent sehr leckeren «fried rice with chicken» – also gebratenen Reis mit Hühnchen. Ich bin begeistert. So kann es weitergehen. Lecker!

Danach bekommen wir zwei Stunden eine Unterweisung über die thailändische Kultur. Dazu sitzen wir alle auf dem tollen großen Balkon unseres Hauses. Das ist so gemütlich! Die Umrandung sieht aus wie ein kleiner Zaun mit Säulen aus weißem Marmor.

Wir erfahren einige sehr interessante Dinge über die thailändische Kultur. Diese ist reich und vielfältig. Sie ist geprägt von Jahrhunderten der Entwicklung und basiert auf tief verwurzelten Traditionen und Werten. Der Buddhismus ist die vorherrschende Religion in Thailand und beeinflusst stark die Lebensphilosophie der Menschen sowie die Kunst und Architektur des Landes. Höflichkeit und Respekt sind zentral in der thailändischen Kultur. Es wird erwartet, dass sowohl Einheimische als auch Besucher höflich und respektvoll miteinander umgehen. Vor dem Betreten eines Hauses oder Tempels zieht man hier die Schuhe aus. Das Vermeiden von Konfrontation wird großgeschrieben. Kein Problem! Das unterstütze ich sehr gern.

Die thailändische Küche ist bekannt für ihre scharfen, würzigen und süßen Geschmacksrichtungen und ist ein wichtiger Teil des sozialen Lebens.

Hier werden viele Feste und Feiertage gefeiert, die auf religiösen, kulturellen oder historischen Ereignissen basieren, wie das Songkran-Fest oder das Loy-Krathong-Fest. Zu Songkran (oder auch Thai New Year genannt) bin ich sogar hier. Darauf freue ich mich schon sehr und bin gespannt darauf, wie es gefeiert wird.

Wenn ich möchte, habe ich auch die Möglichkeit, zwei Wochen bei Nonnen zu leben und mit ihnen zu meditieren. Ich finde dieses Angebot sehr interessant und werde es mir noch überlegen.

Was ich auf jeden Fall machen möchte, ist ein Yoga-Kurs. Hier in der Stadt wird einer angeboten, der sieben Tage dauert. In dieser Zeit ist man vom Unterrichten befreit.

Zwei Stunden lernten wir noch die thailändische Sprache kennen. Jetzt kann ich schon bis zwanzig zählen. Das hilft bestimmt beim Handeln auf dem Markt!

Gleich darauf fuhren wir zu siebt (!) mit einem Tuk-Tuk zu unserem anderen Haus. Ein Tuk-Tuk ist ein dreirädriges Moped, das hinter dem Fahrer auf einem kleinen Wägelchen Platz für mehrere weitere Personen hat. So ähnlich wie diese Fahrräder für vier Personen in Italien. Es hat ganz schön unter unserem Gewicht geächzt, denn eigentlich ist es für höchstens fünf Personen gedacht. Tuk-Tuks sind aus Thailands Straßenbild nicht wegzudenken. Sie dienen als Taxis. Sowohl Einheimische als auch Touristen nutzen sie, um von einem Ort zum anderen zu kommen. Der Name «Tuk-Tuk» bezieht sich auf das charakteristische Geräusch, das der Motor dieser Fahrzeuge macht. Die meisten Tuk-Tuks sind rot. Vorne gibt es eine Windschutzscheibe, an der Seite sind sie offen.

In dem anderen Haus unserer Organisation hatten wir dann einen thailändischen Kochkurs. Wir kochten in einer wunderschönen, entspannten Atmosphäre. Auf einem sehr großen Dachbalkon zeigte uns ein Koch alle Kniffe dafür, um ein leckeres rotes Curry zu kreieren. Wir waren bestimmt zwanzig Freiwillige, die dann auf großen Decken und vielen Kissen lachend und erzählend auf dem Boden saßen und unser frisch zubereitetes Curry genossen. Hier ist wirklich sehr viel geboten! Das finde ich genial!

Eventuell schauen wir auf dem Heimweg auch noch bei einem Festival vorbei. Mal sehen, wie müde ich nach diesem langen Tag sein werde. Ob ich dafür überhaupt noch Kraft habe?

Wieder in der Unterkunft angekommen, denke ich über vieles nach. Morgen geht es dann los zu meiner Gastfamilie. Ich freue mich schon sehr auf diese spannende Erfahrung. Nach dem Wochenende startet dann das Sommercamp. Ein bisschen nervös bin ich, da ich ja noch überhaupt nicht weiß, was auf mich zukommt. Doch ich habe ein tiefes Vertrauen in alles und da meine Freude überwiegt, ist die Nervosität sicher schnell vergessen.

Außerdem geht es mir hier sehr gut! Vor allem nachdem ich herausgefunden habe, dass es doch Süßigkeiten gibt! Irgendjemand hatte mir vor meinem Abflug erzählt, dass es in Thailand nichts Süßes und keine Nudeln gäbe. Da hatte mir irgendwer ein ziemliches Märchen aufgetischt! Denn das Erste, was ich sah, als ich den Supermarkt *7-eleven* betrat, war deutsche *Ritter Sport* Schokolade!

Am Abend kamen sie. Woher? Ich weiß es nicht.

Sie kamen jeden Abend. Es war wie ein ungeschriebenes Gesetz.

Es war Gesetz.

Bevor ich sie sehen konnte, konnte ich sie hören.

Wurde nervös, begann zu schwitzen.

Alle Antennen standen auf Alarm.

Meine Augen scannten die Umgebung.

Bevor ich sie sehen konnte, konnte ich sie spüren.

Erst die Gefahr. Und dann den Schmerz.

Wie ein Blitz durchzuckte er meinen Körper.

Sie waren klein. Schnell. Fast unsichtbar.

Moskitos.

Den ersten Stich werde ich nie vergessen. Ich begann zu hyperventilieren. Suchte panisch nach dem

Malaria-Medikament in meiner Tasche. Es war da. Zum Glück. Jetzt hieß es abwarten. Abwarten, ob er infiziert war. Ich panikte also still vor mich hin und versuchte, einen Nervenzusammenbruch zu verhindern.

Bis man mir sagte, dass es seit vielen Jahren an diesem Ort keine Malaria mehr gab. Eine Information, wenn auch nur klein, die alles veränderte. Panik wich Erleichterung! Alle wussten es, nur ich nicht. Es gab in Nong Khai seit ungefähr fünfzehn Jahren keine Malaria mehr!

Heute habe ich schon vier Liter Wasser getrunken, ohne es so richtig zu merken. Es ist sehr warm hier. Wie im Urlaub. Nur dass Pool und Meer fehlen. Doch es gibt einen Fluss in der Nähe: den Mekong. Er ist auch sehr schön, doch leider nur zum Anschauen. Aufgrund des hohen Verschmutzungsgrades ist er zum Baden eher ungeeignet. Er ist ein langer Strom, der durch Asien verläuft, ungefähr 4.500 Kilometer lang und einer der längsten Flüsse der Welt. Seine Quelle liegt auf über 5.000 Metern Höhe im Hochland von Tibet in China. Der Fluss bildet 200 Kilometer lang die Grenze zwischen Myanmar und Laos. Dann setzt er seinen Weg fort und bildet zusätzlich die Grenze zu Thailand. Die Gegend hier, in der die drei Länder zusammentreffen, nennt man das *Goldene Dreieck*. Früher bauten die Völker hier Schlafmohn an, der zur Droge Heroin verarbeitet wurde. Diese war so wertvoll wie Gold, daher der Name.

23. März

Summer Camp No. 1

*«Die Aufgabe der Umgebung ist nicht, das Kind zu for-
men, sondern ihm zu erlauben, sich zu offenbaren.»*
Maria Montessori

«**S**abadee ka»
Das ist die landesübliche Begrüßung und
bedeutet «Hallo».

Das «ka» am Ende benutzen Frauen. Man spricht
es SaBaDi-Ka aus.

Wenn Männer grüßen, benutzen sie die höfliche
Endung «krap». Man faltet die Hände in Höhe der
Brust und verneigt sich. Ich finde diese Art der Begrüßung wunderschön! Man begegnet seinem Gegenüber mit sehr viel Respekt und Höflichkeit.

Ich bin wieder im Hauptquartier. Hier kann ich
immer in Ruhe meine Erlebnisse aufschreiben. Vor
einer Stunde bin ich von meinem ersten Sommercamp zurückgekommen. Es war zauberhaft! Ich
sage es euch! Eine Erfahrung, die ich wahrscheinlich nur einmal in meinem Leben machen werde.

Die Provinz unseres Sommercamps heißt *Nongbualamphu* und ist ungefähr zweieinhalb Stunden von unserem Hauptquartier in Nong Khai entfernt, im Nordosten von Thailand, auch bekannt als Isan. Die Entfernung zur Hauptstadt Bangkok beträgt etwas mehr als 600 Kilometer. Wirtschaftlich bedeutend ist der Reisanbau in dieser Region. Die gleichnamige Stadt wurde vor etwa 900 Jahren erstmals erwähnt und war zunächst den Königen von Laos tributpflichtig. Später eroberten die Thai die Gegend um Nong Bua Lamphu und wählten sie als Aufmarschgebiet für entscheidende Vorstöße. Nach verschiedenen Ansiedlungsversuchen und Umbenennungen wurde die Stadt schließlich 1906 unter König Chulalongkorn (Rama V.) zur neuen Stadt mit dem Namen Nong Bua Lamphu, zunächst als Distrikt der Provinz Udon Thani. 1993 wurde Nong Bua Lamphu als Hauptstadt der neu gebildeten gleichnamigen Provinz bestätigt.

Zu den dortigen Sehenswürdigkeiten gehört die Statue des Königs Naresuan des Großen. Sie wurde errichtet im Andenken an die Eroberung des Reiches Lan Xang. Die Stadtmauer stammt aus dem 18. Jahrhundert und ist ein Zeugnis der bewegten Geschichte der Stadt. Dann gibt es noch mehrere Tempel. Den Wat Santitham Banpot, ein Ort zur Meditation mit einem Buddha-Fußabdruck und Steinblättern. Den Wat Tham Klong Phen, ein Waldtempel mit einer großen Höhle, die auch ein Museum ist. Den Wat Chaoreon Songtham, ein Tempel mit besonderen Holzschnitzereien an der hölzernen Versammlungshalle (Ubosot). «Wat» heißt Tempel auf thailändisch.

Nong Bua Lamphu ist eine Provinz mit reicher Geschichte und prähistorischen Stätten, die es zu entdecken gibt!

Das erste Sommercamp

Eine weitere Deutsche und ich lebten bei einer zutiefst lieben Gastfamilie genau gegenüber unserer Sommercamp-Schule. Das erleichterte uns das Weckerstellen morgens um einiges. Andere wohnten bei Gastfamilien etwas weiter weg gelegen und wurden jeden Morgen mit dem Pick-up zum Camp gefahren.

Apropos Wecker, den brauchten wir eigentlich nicht zu stellen. Denn pünktlich um sechs Uhr morgens hatten wir die Ehre, den örtlichen Lokalnachrichten lauschen zu dürfen! Der Nachbar unserer Familie besaß die größten Lautsprecher des Dorfes und beschallte wahrscheinlich bis über dessen Grenzen hinaus alle mit den aktuellsten Nachrichten. Vielleicht handelte es sich dabei auch um ein Gebet.

Für uns war das aufgrund der Sprachbarriere nicht so herauszuhören.

Wo wir gerade bei der Sprachbarriere sind. Gleich nach unserer Ankunft mussten wir dringend auf die Toilette. Wir standen also lächelnd vor unserer Hausmutter und versuchten verzweifelt, ihr verständlich zu machen, dass wir dringend mal mussten. Wir hüpften mit zusammengekniffenen Beinen auf und ab. Sie lachte. Freute sich über unsere kläglichen Versuche. Bei uns wurde es immer dringender! Nicht einmal die Handbewegung *Zähneputzen* brachte sie auf die richtige Spur. Dafür bekamen wir am nächsten Morgen jeder eine frisch gekaufte Zahnbürste geschenkt! Zu unserem Glück schickte sie uns gleich darauf zum Duschen und das Problem erledigte sich von selbst.

Eine sehr große und wichtige Rolle in dieser Woche spielte das Badezimmer unserer Gastfamilie. Es war ein kleines, dunkles Häuschen ohne Fenster, mit einem schmalen Eingang und befand sich außerhalb des Hauses. Mit ganz ursprünglicher Thaitoilette, also einem Loch im Boden. Wie immer ohne Toilettenpapier. Doch dieses hatten wir in weiser Voraussicht selbst mitgebracht. Danach wurde das Papier in kleine Plastiktüten verpackt im Hausmüll entsorgt. So wie bei der Entsorgung von Hundekotbeuteln.

Zum Badezimmer. Ich tastete mich an der Wand entlang. Langsam gewöhnten sich meine Augen an die Dunkelheit. Es roch nach Fisch in der kleinen Hütte. Fast wäre ich gestolpert. *Ach, da ist der Schöpfeimer.* Ich tunkte ihn in das steinerne Wasserbecken und schleppte ihn nach draußen. Die Sonne blendete mich, als ich wieder im Freien stand. Im ersten Moment sah ich nichts. Ich beugte mich vorn über. Unter mir war nur trockenes Gras. Jetzt musste es schnell gehen. Sonst hielt ich es nicht aus. Es kostete mich immer wieder aufs Neue Überwindung. Ich hielt die Luft an, atmete aus. Und kippte mir das kalte Wasser über meinen Kopf. So läuft die Haarwäsche in Thailand ab. Lange Locken oder Kurzhaarfrisur. Manchmal fällt mir die Entscheidung hier schon schwer. Vor allem bei diesen Bedingungen. Denn die Dusche bestand hier aus einem großen, mit Wasser gefüllten Steinbecken. Sogar mit einem Fisch drin! Daher kam also dieser intensive Geruch. Im Dunkeln war es schwierig, zu erkennen, ob man ihn mit herausgeschöpft hatte und ihn gleich über sich gießt oder noch peinlicher ihn aus Versehen beim Nachspülen in die Toilette kippt! Aus diesem Becken spült man nämlich auch die *Toilette* nach. Es handelt sich dabei um ein Loch im Boden mit schrägem Ablauf nach hinten hinter die Hütte in einen kleinen Graben. Das Becken dient so gleichzeitig als Duschwasser und Klospülung. Indem man sich Wasser mit einer kleinen Schüssel über den Körper schüttet, hat diese Art des Duschens den angenehmen Nebeneffekt, dass man morgens sofort hellwach ist.

Bei den Thailändern ist es Sitte, mindestens zweimal täglich zu duschen. Da es tagsüber sehr heiß ist, ist das ok. Mit der Zeit gewöhnt man sich an alles. Meine Theorie zum Fisch ist übrigens, dass er im Becken schwimmt, um als Messinstrument die Wasserqualität zu überprüfen. Schwimmt er mit dem Bauch nach oben darin … Lieber nicht mehr damit waschen.

Wäschewaschen bei meiner Gastfamilie war auch ein Erlebnis. Wie zu Großmutters Zeiten im Waschzuber mit Rubbelbrett im «Garten» (schmaler Erdstreifen mit vereinzelten Grasinseln) hinter dem Haus. Gott sei Dank gibt es «*Rei in der Tube*»! Zum Glück habe ich es auf meiner Thailandreise dabei! Es geht nichts über eine gründliche und sorgfältige Vorbereitung. Im Freien wird die nasse Wäsche an langen Stangen zum Trocknen aufgehängt. Schon nach kurzer Zeit kann man sie wieder abnehmen und zusammenlegen. Die thailändische Sonne ist ein Turbotrockner. Nur unsere Unterwäsche haben wir aus Pietätsgründen bei uns im Schlafzimmer zum Trocken aufgehängt.

Das Dorf, in dem wir wohnten, ist sehr arm. Ich fühlte mich zweihundert Jahre in die Vergangenheit zurückversetzt! Wir lebten auf einer Art Farm. Es gab ein großes Holzhaus, in dem unten im Wohnraum die Tochter unserer Gastgeberin mit ihrem Mann und den zwei kleinen Kindern schlief. Des Weiteren gab es dort eine steile Holztreppe, die in den ersten Stock führte. Ansonsten war der Raum leer. Es gab keine Einrichtungsgegenstände wie eine Couch oder einen Tisch, geschweige denn

Stühle. Das Einzige, was sie besaßen, waren drei Fernseher und zwei Kühlschränke. Darauf war unsere Familie besonders stolz. Geschlafen wurde auf dünnen Matratzen.

Im Vorraum des Obergeschosses schliefen die Hausmutter, ihr Mann und ein kleines Kind. Die Kinder im Haus waren zwischen fünf und sechs Jahre alt. Meine Mitbewohnerin und ich bekamen das einzige abschließbare Zimmer im Haus mit Tür! Es lag im ersten Stock. In diesem Raum befanden sich ein Ventilator (der einzige im Haus), zwei Matratzen und ein rosafarbenes Moskitonetz. Wir bekamen die edelsten Kissen! Ich nehme an, es handelte sich dabei um das Elternschlafzimmer. Denn danach fragen, ob dem so war, konnten wir ja nicht. Dafür reichte unsere Zeichensprache dann doch nicht. Leider sprach unsere Familie kein Wort Englisch. Aber mit Händen und Füßen zu kommunizieren war eine lustige Art der Verständigung und ein Lächeln oder eine Umarmung sind international.

Für diese Familie war es eine Ehre, dass wir in ihrem Haus geschlafen haben. Das kann man sich nicht vorstellen! Jedes Mal, wenn wir von der Schule zurückkamen oder schon morgens nach dem Aufstehen, erwartete uns die gesamte Verwandtschaft!

Mit offenen Armen wurden die anderen freiwilligen Helfer und ich im Dorf empfangen. Wir wohnten wie Familienmitglieder in den Hütten der Einheimischen. Wuschen uns hinter dem Haus mit Eimern. Teilten Essen und Trinken mit ihnen. Lachten und weinten zusammen. So viel Liebe und Dankbarkeit strömten mir dort tagtäglich entgegen. Dafür, dass ich ihren Kindern spielerisch Englisch beibrachte.

«Row, row, row your boat» war eines ihrer Lieblingslieder. Das Lachen der Kinder wird auf ewig in meinem Herzen sein.

Fass mich nicht an! Das würde in Deutschland jeder zu hören bekommen, der mir ungefragt zu nahe kommt. Doch dort blieb ich still. Kam sogar näher. Da war eines Morgens diese Frau. Diese uralte Frau. Sie redete auf thailändisch munter auf mich ein. Schlurfte langsam auf einen Stock gestützt auf mich zu. Schaute mir mit ihren gütigen Augen bis auf den Grund meiner Seele. Streckte die Hand nach mir aus und kniff mir ins Gesicht. Sie freute sich so sehr darüber, dass die Sonne in meinem Herzen aufging. In ihren bestimmt acht Lebensjahrzehnten hatte sie noch keine weiße Frau gesehen.

Es war die Uroma der Familie. In einem für Thailänder gesegneten Alter. Ich habe es mir erlaubt, ein Foto von ihr zu machen. Sie hat mich angesehen, als käme ich direkt vom Mond. Sie hatte zum ersten Mal in ihrem Leben die Bekanntschaft mit einem doppelten Blitzlicht gemacht. Einem, welches nicht vom Himmel, sondern aus meiner Digitalkamera kam. Das Foto habe ich ihr sofort gezeigt. Ich dachte, damit könne ich sie wieder beruhigen. Doch sie war total entgeistert und hielt sich wie festgewachsen an ihrem Stock fest.

Egal wo wir sind und was wir gerade machen, überall hören wir, wie man uns «Falang, Falang» nachruft. Übersetzt bedeutet das «Fremde», im positiven Sinne. Es ist schon ein angenehmes Gefühl, akzeptiert zu werden in einem Land, das Vorurteile Fremden gegenüber zum Glück nicht kennt.

Eines Abends ging ich die Straße entlang. Allein. Plötzlich rief jemand meinen Namen und ich erstarrte. Hier in der Fremde, weit weg von zu Hause. Im Nirgendwo von Thailand. Nicht nur eine Stimme rief nach mir. Sie kamen näher und es wurden immer mehr. Mein Herz schlug schneller. Die Zeit schien still zu stehen. Ich fing an zu schwitzen. Kniete mich auf den staubigen Boden. Spürte die Hitze der Fahrbahn durch meine dünne Hose. Langsam nahm ich die Hände nach oben. Und schloss drei strahlende Kinder in meine Arme. «We love you!»

Sie hatten mich auf der Straße wiedererkannt.

Mich, ihre Lieblingslehrerin für englische Kinderlieder.

Schon nach wenigen Wochen hatte ich Expertenstatus.

In einem fremden Land.

Jeden Abend unternahmen wir mit dem Direktor unserer Schule etwas. Er gehört hier in Thailand zur reicheren Schicht. Mit einer Lehrerin kam er nach Nong Khai und holte uns alle ab. Sie fuhr mit dem Schulbus ihrer Schule. Er mit seinem Auto. Ich hatte die Ehre, bei ihm mitfahren zu dürfen. Das lag an meiner blendend weißen Haut. Thais möchten blass sein, so wie wir Europäer im Sommer schön gebräunt sein möchten.

In vielen asiatischen Kulturen wird helle Haut traditionell mit Schönheit und einem höheren sozialen Status in Verbindung gebracht. Dieses Schönheitsideal kann auf historische Klassenunterschiede zurückgeführt werden. Gebräunte Haut wurde oft mit harter körperlicher Arbeit im Freien verbunden, was wiederum mit niedrigen Klassen oder Armut assoziiert wurde. Hingegen galt hellere Hautfarbe oft als Zeichen dafür, dass man nicht im Freien arbeiten musste.

Zudem gibt es die Wahrnehmung, dass helle Haut gesünder aussieht und Unreinheiten sowie Anzeichen von Alterung weniger sichtbar macht. In der asiatischen Hautpflege wird daher oft Wert auf Produkte gelegt, die die Haut aufhellen oder vor Sonneneinstrahlung schützen, um eine hellere Hautfarbe zu bewahren oder zu erreichen. Hier pudern sich alle mit einer Art Babypuder ein. Auch die Gesichter. Das sieht für das europäische Auge gewöhnungsbedürftig aus. Schönheitsideale sind eben kulturell bedingt.

Das Auto des Direktors hatte zum Glück eine Klimaanlage und zu meinem größten Erstaunen einen DVD-Player! Als wir auf unserer Fahrt zu seiner Schule Rast machten, hat er uns einen Film eingelegt! Der Wahnsinn! Das hätte ich im materiell armen Thailand nicht erwartet.

Auf unserer Fahrt zum Camp kamen wir in eine Polizeikontrolle. Dort wurde unsere Kolonne natürlich sofort überprüft. Ein ganzer Bus mit Fremden! Sie suchten illegale Einwanderer aus Laos. Zum Glück mussten wir unsere Rucksäcke nicht öffnen. Das hätte ein Chaos gegeben! Da jeder mit großen Backpacks nach Thailand gekommen war, außer mir, hätte solch eine Durchsuchung etwas mehr Zeit in Anspruch genommen.

Der nächste, diesmal freiwillige Halt fand in der Provinzhauptstadt Nongbualamphu statt. Es war schon Zeit zum Abendessen, als wir dort ankamen. Wir wurden zu einem riesigen Barbecue in einem offenen Restaurant eingeladen. In die Tische waren kleine runde Grills eingelassen. An der Seite gab es ein großes Buffet. Toll! Dort fiel mir auf, wie aufmerksam und zuvorkommend die Thailänder sind. Jedes Mal, auch wenn ich nur einen Schluck aus meinem Glas genommen hatte, war es danach auf wundersame Weise verschwunden und kurz darauf stand ein volles Glas vor mir. Durch meine angeregten Unterhaltungen mit den anderen bekam ich zunächst nicht mit, wieso. Bis ich einmal aufpasste und schon war des Rätsels Lösung entdeckt. Um unsere Tische standen etwas abseits Getränkekellner, die mit wachsamem Auge jedes Glas und dessen Inhalt beobachteten. Kaum war der Pegel verändert, wurde sofort eingegriffen. Wir hatten somit immer volle Gläser.

Es gibt so viel vom Sommercamp zu erzählen! Wir waren insgesamt sechzehn «Volunteers» (Freiwillige) und betreuten vier Schulklassen. Das sind ungefähr einhundertundzwanzig Schüler verschiedener Altersstufen.

Dieses Camp fand in einer Schule statt. Die Schulen in Thailand werden sehr gut vom Staat, also dem König und seiner Regierung, gefördert. Sie sind sehr gut ausgestattet! Es gibt sogar Computer mit Internetanschluss. Es dauert nur ziemlich lange, mit ihnen etwas nachzuschauen. Doch wir sind ja nicht zum Internetsurfen in das Camp gekommen. Es ist sowieso sehr erstaunlich, dass es in dieser wirklich sehr ärmlichen Gegend einen Internetanschluss gibt!

In der Schule bekamen wir täglich drei Mahlzeiten. Alles kostenlos als Dank der Schulleitung! Morgens gab es Reis und Früchte, mittags gab es Reis und Früchte und abends gab es Reis und Früchte. Lecker, ich liebe Früchte! Zum Glück!

Unterricht im Sommercamp

Nun zum Unterricht. Meine Schüler waren zwischen sechs und dreizehn Jahre alt. Einhundertundzwanzig an der Zahl. So süß und so lieb! Wir unterrichteten in Gruppen von je vier Freiwilligen ungefähr 30 Schüler. Jeden Tag gab es ein anderes Thema. So bildeten zum Beispiel an einem Tag die Zahlen den Unterrichtsschwerpunkt, an den nächsten Tagen waren es Farben, Berufe, Lieder und mehr. Wir sangen sehr viel und spielten viele lustige Spiele mit den Kindern. An einem Tag waren wir zum Beispiel im Freien auf Schatzsuche! Dafür musste wahnsinnig viel vorbereitet werden, aber die Kinder haben es geliebt! Und strahlende Kinderaugen lassen allen Schweiß sofort vergessen.

Jeden Abend bereiteten wir uns auf den nächsten Tag vor und wechselten die Lehrergruppen durch. Wir achteten darauf, dass sich in jeder Gruppe mindestens ein alter Hase befand. Also einer von uns, der schon Erfahrung mit dem Unterrichten hatte.

<u>Stundenplan</u>

Ein typischer Unterrichtstag im Sommercamp:

08.00–09.00 Uhr	Frühstück
09.00–09.30 Uhr	Aufwärmübungen, Spiele, verschiedene Aktivitäten
09.30–10.30 Uhr	Unterrichtseinheit in den Klassenräumen
10.30–11.00 Uhr	Kaffeepause
11.00–11.30 Uhr	Aufwärmübungen, Spiele, verschiedene Aktivitäten
12.00–13.00 Uhr	Mittagspause

13.00–14.30 Uhr	Aufwärmübungen, Spiele, verschiedene Aktivitäten
14.30–15.00 Uhr	Kaffeepause
15.00–16.00 Uhr	Unterrichtseinheit in den Klassenräumen
16.00 Uhr	Unterrichtsende, Lehrerkonferenz, Abendessen, Freizeit

Englische Kinderlieder

«Row, row, row the boat
gently down the stream.
Merrily, merrily, merrily, merrily,
life is but a dream»

Zuallererst sorgt man dafür, dass sich die Kinder in mehreren Reihen hintereinander aufstellen.

Wenn man dieses Lied zum Beispiel mit fünfzig Kindern singen möchte, bildet man fünf Reihen à zehn Kinder. Oder zehn à fünf, wie man möchte.

Man selbst steht immer vor der Gruppe und macht alle Bewegungen vor. So können die Kleinen beruhigter singen, da sie ab und zu schauen können, wie es geht.

Vor allem am Anfang sind alle neuen Spiele erst einmal etwas verwirrend (aber nicht lange). Am besten ist es dabei, wenn vor jeder Gruppe ein Lehrer steht und seine Gruppe unterstützt. Das fördert auch den Teamgeist der Kinder.

Bei «*Row, row, row the boat gently down the stream*» macht man von vorne nach hinten Ruderbewegungen und geht schön mit dem ganzen Körper mit. Kinder lieben übertriebene Bewegungen und finden es sehr lustig, wenn der Po weit nach hinten gestreckt wird.

Bei «*Merrily, merrily, merrily, merrily, life is but a dream.*» nimmt man die Hände zu Fäusten zusammen und dreht die Unterarme vor dem Körper umeinander. Währenddessen beugt man den Oberkörper Richtung Boden. Die Beine bleiben gestreckt.

Man singt es, so oft man möchte, und kann nach drei bis fünf Wiederholungen versuchen, es als Kanon zu singen. Dies funktioniert am besten, wenn man entweder den Reihen den Einsatz anzeigt oder der jeweilige Gruppenleiter dies für seine Gruppe übernimmt.

Eine weitere lustige Version davon ist: Es bleibt alles gleich, doch man spielt es nun im Sitzen. Die Reihen setzen sich auf den Boden und der Vordermann sitzt jeweils zwischen den Beinen des Hintermannes. Man sitzt sozusagen wie in einem Ruderboot.

Es wird fleißig gerudert und gesungen, bei «*Merrily, ...*» geht man Richtung Knie. ABER bei «*but a dream*» fallen alle Kinder nach hinten um! Auch sehr spannend als Kanon.

Die Kleinen lieben es am Ende auf ihren Hintermann zu fallen. Das ist so schön mitanzusehen!

Mein absolutes Lieblingsthema war es, Berufe zu erklären. Das macht so unglaublich viel Spaß. Man benötigt zwei Lehrer dazu, dann ist es lustiger.

Als Erstes zeichnet man die Berufe als Bilder an die Tafel. Sehr schön wirkt es, wenn sie im Comicstil gezeichnet werden (muss natürlich nicht sein).

Verschiedene Berufe wären zum Beispiel: «Lehrer, Soldat, Bauer, Arzt, Krankenschwester, Tuk-Tuk-Fahrer und Fischer.»

Zuerst lässt man die Kinder erklären, was auf den einzelnen Bildern zu sehen ist.

Dann fragt ein Lehrer den anderen, ob er denn wisse, was man in diesem Beruf so arbeitet. Der Gefragte zeigt dann all sein schauspielerisches Können und spielt sehr, sehr übertrieben und lustig vor, wie man den Beruf ausübt. Daraufhin sind die Schüler an der Reihe, einmal in diesem Beruf zu «arbeiten», und alle dürfen gleichzeitig den Beruf ausüben. Vor allem bei der Rolle des Soldaten kann man die Kinder gleich von Anfang an miteinbeziehen. Ich war der *Drill Instructor* und die Klasse meine Einheit. Wir sind durch den Raum marschiert und hatten alle sehr viel Freude daran. Ein Lehrer aus meiner Gruppe hat dann so getan, als würde er sich unterhalten, während alle salutieren. Das ging natürlich gar nicht. Er wurde dann von mir geschimpft und musste zur Strafe Liegestütze machen. Die Kinder haben sich gekringelt vor Lachen! Schauspielern macht mir sehr viel Spaß.

Immer wenn ich Berufe unterrichtet habe, war ich nach der Stunde nassgeschwitzt. Ich übernahm sehr gern den Teil des Vorspielers. Zu sehen, wie es den Kindern Freude bereitet, ist das schönste Geschenk, das man sich vorstellen kann!

Zweimal durften wir abends bei den Proben eines thailändischen Tanzes zusehen. Es wurde für das thailändische Silvester geprobt. Natürlich habe ich gleich mitgetanzt. So eine Möglichkeit lasse ich mir doch nicht entgehen! Die Dorfbewohner waren begeistert. Eine weiße Frau, die mit ihnen ihre traditionellen Tänze tanzt. Das war eine Sensation! Die meisten Bewohner dieses Dorfes hatten noch nie in ihrem Leben Menschen mit einer hellen Hautfarbe gesehen! Alle fassten meine Arme an und rieben daran, als ob die Farbe abgehen würde. Sie konnten fast nicht glauben, dass es so weiße Haut gibt! Die vierundachtzigjährige Uroma meiner Gastfamilie wollte mich überhaupt nicht mehr loslassen! Sie hatte erstaunlich viel Kraft in ihren dünnen Ärmchen. Und da versuche dich mal höflich aus so einem Griff zu lösen, wenn du noch fast kein Thailändisch sprichst!

Nachdem die Proben an diesem Abend beendet waren, wollte die dortige Tanzlehrerin unsere europäischen Tänze kennenlernen. Zum Glück bin ich eine leidenschaftliche Tänzerin. Ich habe ihnen einen leichten Walzer und diverse andere einfache Schrittfolgen vorgetanzt. Mit Freude wurden meine Schritte nachgemacht und bald tanzten alle um mich herum. Für sie habe ich sogar extra einen eigenen Tanz erfunden. Einen ganz einfachen Paartanz mit Drehungen! Die Leute waren begeistert!

Als ich am nächsten Tag in die Schule kam, zauberten mir die Kinder ein Lächeln auf die Lippen. Ich sah, wie selbst die Kleinsten meinen selbsterfundenen Tanz perfekt in Paaren nachtanzten. Es war ein unglaublich schönes Gefühl und einmalig, so etwas zu erleben!

Gestern fuhren wir mit den größeren Schulkindern in einen Nationalpark mitten in den Bergen. Die Aussicht von dort war wunderschön! Unter uns ging es ziemlich weit hinunter und vor uns breitete sich die Natur bis zum Horizont aus. Überall standen schön geschmückte Altare am Wegesrand. Mit Räucherstäbchen, Blumen, schönen Elefantenfiguren und goldenen Schälchen. Es war ein Montag, ich trug ein gelbes T-Shirt, so wie die meisten hier.

Montags trägt man in Thailand ein gelbes T-Shirt. Jeder Tag der Woche hat eine bestimmte Farbe. Da der thailändische König an einem Montag geboren wurde, zieht man ihm zu Ehren ein gelbes Oberteil an. Witzig, Montagmorgen im Skytrain in Bangkok sah man nur noch gelb! Es ist sehr höflich, sich auch als Besucher des Landes daran zu halten. Die Thailänder freuen sich wahnsinnig darüber. Auch ich habe mir auf dem Markt ein gelbes Poloshirt gekauft. Es ist etwas eng, da Thailänder im

Durchschnitt kleiner sind als ich. Aber egal, montags trage ich gelb, ebenso wie meine Freunde hier. Diese farbenfrohe Tradition verleiht den Wochentagen in Thailand eine besondere Bedeutung und wird oft bei besonderen Anlässen wie Geburtstagen berücksichtigt.

Der thailändische Farbkalender beginnt sonntags mit der Farbabfolge rot, gelb, rosa, grün, orange, hellblau und dem abschließenden violett am Samstag.

Mittags aßen wir natürlich auch in der Schule. An runden Tischen aus Baumstämmen saßen wir, unsere Stühle waren dabei weitere kleinere Baumstämme. Eines Tages besuchte mich meine Hausmutter mit ihrem jüngsten Sohn beim Essen. Sie erzählte mir sehr viel. Leider verstand ich sie nicht. Wir gestikulierten dann ausgiebig und lachten zusammen darüber, dass wir uns nicht verstanden. Das endete dann immer in einer Umarmung. Sie wollte, dass ein Bild von ihr, ihrem Sohn und mir vor der Schule gemacht wird. Alle wollen in Thailand mit mir fotografiert werden. Auch die Köchinnen, einfach jeder. Die Kinder sind süß. Beim Fotografieren bilden sie mit Daumen und Zeigefinger den Buchstaben L und legen die Hand so um den Mund. Vielleicht soll es ein großes Grinsen sein? Mittlerweile habe ich schon über 200 Fotos geschossen. In meiner ersten Woche! Da ist meine Speicherkarte bestimmt bald voll. Es gibt hier einen großen

Supermarkt, *Tesco*, der so ähnlich ist wie Wal-Mart. Da werde ich mir einen Stick mit vier Gigabyte für zweiundzwanzig Euro kaufen. Wer weiß, wie viele Bilder noch dazukommen, ich bin ja noch neun Wochen hier. Man darf gespannt sein.

Besonders bewegend fand ich, als wir zu einer Beerdigung eingeladen wurden. Zuerst habe ich nicht richtig verstanden, was passiert war. Anscheinend war ein Lehrer der Schule vor kurzem verstorben. Es war dem Direktor ein großes Anliegen, dass wir kommen.

Es gab eine feierliche Zeremonie. Zuerst saß ich mit den anderen Freiwilligen etwas weiter hinten. Doch der Direktor lud mich ein, mit nach vorne zu den anderen Lehrern zu kommen. Natürlich erwies ich dem Verstorbenen meinen Respekt und ging mit. Auf einem Pick-up-Truck stand auf der Ladefläche ein prachtvoll verzierter Eisensarg. Dachte ich zumindest. Tatsächlich war es die Transporthülle für den Sarg. Das ganze Dorf war gekommen. Mehrere Mönche saßen in ihrer orangefarbenen Ordenskleidung in einer Reihe vorne und die Gemeinschaft dahinter mit Blick zu den Mönchen. Natürlich auf dem Boden. Wir befanden uns in einer Halle ohne Seitenwände. Es gab nur ein Dach. Ich vermute, es war das Krematorium, da der Sarg, den ich dann entdeckte, vor einer Art Ofen stand. Es ist ein buddhistisches Bestattungsritual, die Verstorbenen zu verbrennen. In ihrer Religion glauben die Thailänder an die

Wiedergeburt. Sie sind natürlich auch traurig, wenn jemand stirbt. Doch es ist ein großer Unterschied zum christlichen Glauben. Im Anschluss wurden Raketen ähnlich einem Feuerwerk in den Himmel geschossen und bunte Bänder regneten herab.

Thailändisches Essen

Da ich allem Neuen gegenüber offen bin und zudem noch ziemlich neugierig, habe ich hier in kürzester Zeit schon vielerlei erlebt. Vor allem was das Essen angeht!

Thailändisches Essen ist sehr lecker, wenn man mutig ist und sich traut, Neues zu probieren. So wie ich. Eines Abends saß ich mit meinen Freunden bei lauen Temperaturen beim Abendessen. Die Sonne ging gerade unter, Gitarrenklänge umhüllten uns, die Stimmung war ausgelassen. Es gab Spezialitäten des Dorfes. Ich nahm neugierig etwas aus der großen Schüssel. Es sah aus wie frittiertes Gemüse und hatte die Form einer kleinen Hand. Ich erlaubte mir einen Spaß mit den anderen. Tat so, als würde ich damit nach ihnen greifen. Alle quietschten erschrocken. Mit großen Augen starrten sie mich an. Ich öffnete meinen Mund, wollte gerade genüsslich hineinbeißen, da schlug mir mein Nebenmann mein Essen aus der Hand.

«Stop it», schrien alle im Chor. Fast hätte ich in einen gegrillten Hühnerfuß gebissen! Für die anderen und mich eklig, dort eine Delikatesse.

Ich sage es euch! Wie viel ich schon ausspucken musste! Ein andermal erwischte ich saure anstatt süße Mango. Dann irgendetwas dem Tofu Ähnliches, das wie Hähnchen ausgesehen hatte.

Eine meiner Leibspeisen ist *Banana Pancake*! Das schmeckt so lecker! Es handelt sich dabei um Pfannkuchen mit Ei, Banane und Vanillesoße.

24. März

Mein erster Sonnenbrand

*«Achtsamkeit ist ein Weg, um sich mit sich selbst und
der eigenen Erfahrung anzufreunden.»*
Jon Kabat-Zinn

Heute habe ich mir beim Bummeln über den
Markt etwas eingefangen. Etwas sehr Unan-
genehmes. Meinen ersten Sonnenbrand auf dem
Rücken. Ich glaube, ich bin Urlaubmachen einfach
nicht mehr gewohnt. Obwohl ich mich morgens mit
Lichtschutzfaktor dreißig eingecremt hatte, hat es
mich erwischt. Vielleicht sollte ich doch des Öfteren
nachcremen. Doch wann? Hier ist jeden Tag so viel
geboten! Ich komme überhaupt nicht zum Nach-
denken und bin keine Sekunde allein! Das ist eine
ziemliche Umstellung zu daheim.

Ich habe heute auch schon in unserer Küche vom
Hauptquartier meine Wäsche gewaschen. In Thailand befindet sich die Küche draußen neben dem

Haus in einem offenen Verschlag. Es gibt dort einen Grillplatz und ein Becken mit Wasserschlauch für den Abwasch oder eben meine Wäsche. Meine Hosen sind so dreckig! Von denen fliegt keine mehr mit zurück nach Deutschland. Außer die eine von meiner Mutter, auf die passe ich besonders gut auf. Aber es ist ja auch kein Wunder. Man sitzt hier überall auf dem Boden und läuft im Haus nur barfuß herum. Meine Socken sind auch schon alle reif für den Müll. Heute musste ich mir sogar neue Schuhe kaufen! Denn meine Turnschuhe lagen gestern auf der Ladefläche eines Geländewagens, als es heftig zu regnen anfing. Sie waren leider nicht mehr zu retten. Eine Nichtigkeit, wenn man bedenkt, dass auf der Ladefläche auch meine Freunde saßen und ebenfalls klitschnass wurden. Es ist hier nichts Ungewöhnliches, auf der Ladefläche mitzufahren.

Schuhe kann man ersetzen. Ich hoffe, von den anderen hat sich keiner eine Erkältung eingefangen.

Mit meinen Flip-Flops kann ich momentan aber nicht laufen. Meine Füße sind von ihnen schon richtig wund und von Blasen übersät! Deswegen habe ich mir auf dem chinesischen Markt für umgerechnet sechs Euro halboffene, bequeme Lederschuhe gekauft. Ich kann nicht aufhören, zu staunen, wie günstig hier alles ist. Für mich zumindest. Für die Einheimischen ist es immer noch viel Geld.

Nach meiner Einkaufsrunde wanderten wir zu einem Tempel in Nong Khai. Dort war es wunderschön! Ich habe noch nie einen so schönen Tempel gesehen, innen wie außen! Von einem Mönch erhielten wir eine Segnung und ein Glücksarmband. Die Mönche sprechen fließend Englisch. Darüber war ich sehr erstaunt.

Beim Betreten eines Tempels sollte man darauf achten, dass Knie und Schultern bedeckt sind. Ich habe immer ein großes Tuch in meiner Tasche, um es um die Schultern legen zu können. In jeden Tempel begibt man sich mit einem ausladenden Schritt über die Türschwelle. Auf diese sollte man tunlichst nicht treten. Sie ist heilig! Es gibt dort auch wunderschöne goldene Buddhastatuen und so viele tolle Räucherstäbchen. Ich werde noch einmal in Ruhe mit dem Fahrrad hinfahren!

Ich glaube, ich schicke doch ein Paket mit dem Schiff in die Heimat. Es gibt so viele schöne Dinge zu entdecken und vor allem zu kaufen. Ein zehn Kilo Paket kostet im Versand um die vierzig Euro und es dauert drei Monate, aber das ist mir egal. Solche Schätze bekomme ich in Deutschland nicht mal im Ansatz zu Gesicht.

Jetzt findet gleich ein Teammeeting mit unserem Boss Rick statt, bezüglich der Planung der nächsten Woche. Abends wollen wir alle zu *Tesco*. Da kaufe ich mir dann ein Handy mit thailändischer Sim-Karte. Das Essen dort ist sehr lecker, man kann zu *Kentucky Fried Chicken* gehen, wenn man einmal genug vom Reis hat. Mir schmeckt es dort. Hier kann man so viel kaufen, das ist so unglaublich! Ich muss mich schon sehr am Riemen reißen, sonst brauche ich mindestens drei Koffer für meinen Rückflug! Bis jetzt habe ich noch nicht mal hundert Euro ausgegeben und dafür wirklich viel gekauft, gegessen und getrunken. Asien und Europa sind wirklich wie Tag und Nacht! Ein neues Auto kostet hier eintausendfünfhundert Euro!

25. März

Wo ist der Swimmingpool?

«Gesegnet sei der, der nichts erwartet.
Er wird nie enttäuscht werden.»
Alexander Pope

Heute war unser großer Radtourtag. Zufälligerweise war es auch der heißeste! Es hatte bestimmt fünfunddreißig Grad im Schatten.

Meine Freundin und ich wollten vormittags mit dem Fahrrad zum Pool im Hotel «Mekong Royal Nongkhai» fahren. Das beste Hotel am Platz und das einzige mit Swimmingpool.

Wir hätten einen anderen Tag wählen sollen. Es war so unerträglich heiß! Mir ist die Sonnencreme vom Gesicht geschmolzen!

Nach dreißig Minuten abstrampeln kamen wir dann endlich am Hotel an. Voller Vorfreude sperrten wir unsere Räder ab und begaben uns auf die Suche nach dem kühlen Nass. Wie sehr hatte ich eine Abkühlung nötig. Ich freute mich auf einen gemütlichen Tag auf der Liege. Im Schatten. Wir durchquerten die Lobby und liefen in Richtung Pool. Doch statt Urlaubsgefühlen gab es von uns lange Gesichter. Denn leider war der Pool wegen Reinigungsarbeiten bis zum ersten April geschlossen. So ärgerlich. Es sollte halt nicht sein. Wir sind dann anstatt zu baden, weiter in der sengenden Hitze zu unserem großen Supermarkt geradelt. Zum Glück ist das Land flach und es gibt hier keine Berge. Das hätte mir gerade noch gefehlt! Dorthin waren es nochmal zwanzig Minuten. Mittlerweile genossen wir die allerschönste Mittagshitze! Wir mussten auf den riesigen dreispurigen Hauptstraßen fahren. Und die fahren doch alle Kamikaze! Das war ein Erlebnis! Vor allem auf der linken Spur zu radeln und nicht wie bei uns daheim rechts, ist anfangs überhaupt nicht einfach. Jedes rechts Abbiegen wird zu einer neuen Herausforderung.

Wir fuhren also so vor uns hin, auf der linken Spur, doch dann tauchte das Einkaufszentrum rechts von der Mittelleitplanke auf. Uns trennten ein tiefer Graben und eine doppelte Leitplanke! Und auf lange Sicht gab es keine Möglichkeit, rechts abzubiegen.

Tja, also haben wir zwei Mädels einfach kurzerhand unsere Fahrräder über die Leitplanken gehoben, durch den Graben durchgeschoben und oben auf der anderen Seite wieder über die Leitplanke auf die andere Straßenseite gehievt. Nach dieser Aktion waren wir ziemlich erledigt! Und die Thailänder auf der anderen Straßenseite haben sich, wie man sich denken kann, gebogen vor Lachen! Ich will nicht wissen, was die von uns gedacht haben!

Auf dieses Bravourstück sind wir zuerst in ein Fast-Food-Restaurant zum Mittagessen gegangen. Mit einer großen Portion Pommes und allem, was dazu gehört. Ein bisschen Belohnung und Abwechslung in den Mahlzeiten musste an diesem Tag sein.

Da fällt mir ein, mein Lieblingsessen in Thailand ist «Sticky Rice with Mango». Das ist pappiger Reis mit heißer Kokosmilch-Soße und eineinhalb frischen Mangos, die auf der Zunge zerschmelzen. Ein Gedicht! Man kann das Gericht an Ständen an der Straße kaufen. Am Anfang habe ich noch geschaut, ob hygienisch alles rein ist. Doch irgendwann gibt man das auf und isst einfach, worauf man Lust hat. Ich bin eben nicht daheim, sondern in Thailand.

Was ich noch erzählen wollte

Um noch einmal auf mein Sommercamp zurückzukommen: Meine Kinder waren zwischen sechs und dreizehn Jahre alt und das Spielzeug, das ich zuvor in Deutschland gekauft hatte, kam sehr gut an! Zum Zahlenlernen habe ich über hundert bunte Steckscheiben mitgebracht. Sie sind so groß wie Knöpfe und können dazu sehr gut verwendet werden. Ich hatte mir noch im Vorfeld in der Buchhandlung

Englischbücher für die erste und vierte Klasse besorgt. Die Übungen daraus konnte ich sehr gut für den Unterricht benutzen.

So schrieb ich zum Beispiel die Zahlen zwischen eins und dreißig bunt gemischt an die Tafel und die Kinder kamen einzeln zu mir vor, um die richtige Reihenfolge herauszufinden und die richtigen Zahlen zu verbinden. Sie hatten sehr viel Spaß dabei. Die Freude in ihren Gesichtern und ihr Wissensdurst erfreuen mich jeden Tag aufs Neue. Dafür stehe ich gern morgens auf.

Von morgen bis Donnerstag bin ich vormittags in einer Schule für behinderte Kinder. Darauf bin ich schon sehr gespannt und hoffe, dass es nicht zu hart für mich wird. Denn dort ist jede Art von Behinderung vertreten, körperlich sowie geistig. Wenn man nicht jeden Tag damit zu tun hat, denke ich, wird es erst einmal schwer werden.

Die süße Handpuppe Conny werde ich morgen mitnehmen. Es handelt sich dabei um einen kleinen, kuscheligen Biber mit großen, dunklen Knopfaugen. Die Kinder werden ihn lieben. Ich bin ihm schon verfallen. Spielerisch werden wir *conversation* üben, also wie man eine Unterhaltung auf Englisch führt. Der Biber fragt etwas und die Kinder antworten. *Wie heißt du?* Oder *Wie alt bist du? Was ist deine Lieblingsfarbe?* Einfache altersgerechte Fragen.

Am Donnerstag nehme ich dann an einem Spezialcamp teil, das bis zum ersten April dauert, also über das Wochenende. Dieses Camp wird von einer Lehrerin aus dem ersten Camp organisiert. Sie ist eine sehr liebe Person und hat sich so sehr gefreut, als ich gesagt habe, dass ich wahrscheinlich wiederkomme.

Bald fliege ich außerdem mit einer Freundin für zwei Tage nach Bangkok und von dort aus weiter nach Phuket. Darauf freue ich mich jetzt schon wie ein kleines Kind! Wir haben alles im Internet gebucht. Das ist so praktisch! In dieser Woche wird dann nämlich in Nong Khai aufgrund vom Thai Happy New Year nicht unterrichtet. Strand und Meer, das wird mir guttun!

Alles zusammen, also auch inklusive der Flüge, kostet der Trip zweihundertundsechzig Euro. Wir wollten es uns richtig gut gehen lassen und haben deshalb etwas «Teureres» genommen. Da hier alles so günstig ist, können wir uns nun auch etwas für die Seele gönnen.

Meinem Sonnenbrand auf dem Rücken geht es zum Glück schon besser. Ich habe auch schon etwas Farbe bekommen. Da werden die Thailänder traurig sein, wenn ich meine «beautiful white skin» (wunderschöne weiße Haut) verliere. Doch da es ja in ein paar Monaten wieder zurück nach Europa geht, versuche ich, wenigstens ein bisschen Farbe abzubekommen.

Gestern Abend war es sehr lustig! Wir haben alle zusammen in einem teuren Hotel Karaoke gesungen. In einem extra Raum, nur für unsere Gruppe. Das kostete zweihundert Baht die Stunde, also umgerechnet vier Euro. Für Thailänder ist das viel Geld! Es war so ein Spaß, wirklich alle haben gesungen. Danach waren wir noch im «Bar Nanas», einer Disco in der Nähe. Dort war es mir fast zu laut und leider gar nicht meine Musik. Sie spielten Black Music und «Gangster-Rap». Ich bin auch nicht so lange geblieben. Es gibt so viel zu erzählen.

Wir «Volunteers» tauschen alle fleißig unsere Fotos auf dem Rechner im Green Dorm aus. Das ist genial, denn wenn man fotografiert, knipst man sich ja leider nicht so oft selbst.

Unser Hauptquartier in Nong Khai heißt so, weil es – Überraschung – grün gestrichen ist.

Zwischenbilanz

In unserem Zimmer sind wir inzwischen nur noch zu zweit. Das dritte Bett ist jetzt leer. Die Teilnehmerin aus den USA musste schon am ersten Wochenende wieder abreisen. Ihre Mutter wurde leider schwer krank. Ich bin gespannt, wer jetzt zu uns ziehen wird.

Ich mag unser Zimmer. Bis auf den Ventilator, der ist leider zum Schlafen sehr laut. Doch ohne ist es unerträglich warm, auch weil das Zimmer sehr klein ist. An der Wand hängt ein sehr schönes Poster mit Wasserfällen. Das Zimmer ist einfach eingerichtet. Darin stehen ein Hochbett und ein normales Einzelbett, zwei dünne Wäscheständer und für jeden von uns ein kleines Regal aus Metall für persönliche Sachen.

Hier gibt es kleine süße Vögelchen, die aussehen, als würden sie einen spitzen Hut tragen. Leider weiß ich den Namen nicht.

Nachts Fahrrad zu fahren, ist ein Abenteuer für sich. Manchmal treffe ich mich mit meinen Freunden in der anderen Unterkunft. Dem zweiten Haus, in dem Freiwillige wohnen. Es hat auch den größeren und moderneren Computerraum. Dieses Haus liegt etwas außerhalb am Rande der Stadt. Zu Fuß wäre es zu weit. Deswegen bin ich sehr glücklich über mein Fahrrad.

Tagsüber ist es landschaftlich eine schöne Strecke zwischen den beiden Quartieren. Von viel Grün und schönen Landschaften umgeben, geht es zurück in die Stadt. Ich liebe die Natur und bin sehr gern draußen.

Doch nachts sieht die Welt ganz anders aus. Da wird es richtig gefährlich, über das Land zu fahren. Denn dann erwacht das Böse. Das, was mir tagsüber fast die Tränen in die Augen treibt. Vor Mitleid. Es gibt so viele von ihnen.

Die vielen streunenden Hunde auf der Straße. Oder besser gesagt, die vor sich hinvegetierenden Skelette. Sie sind ein trauriger Anblick. Doch nachts muss man sich vor ihnen in Acht nehmen! Sie sind wahnsinnig aggressiv und imstande, einen vom Fahrrad zu ziehen und vor lauter Hunger ein Stück aus der Wade zu reißen! Das kam hier alles schon vor! Zumindest habe ich es so gehört. Also Achtung vor den Hunden und nachts nur in größeren Gruppen unterwegs sein. Oder so viel Kondition haben, um sehr schnell ihr Territorium verlassen zu können. An der imaginären Grenze ihres Reviers stoppen sie nämlich ihre Jagd. Verblüffend. Doch viel Zeit zum Ausruhen bleibt einem nicht. Denn leider steht da dann schon das nächste Skelett zähnefletschend vor einem! Da hatte ich des Öfteren richtig Angst. Es ist dunkel, man wird gejagt. Nichts für schwache Nerven wie die meinen!

Western Food. Ab und an brauche ich einfach ein richtig großes Sandwich! Leider gibt es hier nur Toastbrot. Das gute deutsche Schwarzbrot fehlt mir sehr. Man weiß viele Dinge erst zu schätzen, wenn man sie nicht zur Verfügung hat. Ist doch leider immer so.

Auch, dass die Küche sich im Garten in einem überdachten Verschlag und nicht im Haus befindet, irritierte mich zu Anfang sehr. Im Garten steht ein Bereich zum Grillen, mit Waschbecken und Schlauch, Ablagen und allem, was dazu gehört.

Ich habe einen Brief an die deutsche Botschaft geschickt. Mit all meinen Angaben und Kontaktpersonen hier und in Deutschland. Man weiß ja nie. Ich habe das bei meinen Vorbereitungen gelesen, dass man das machen sollte. Aber es wird mich schon keiner entführen.

Wir sind Deutschland zeittechnisch fünf Stunden voraus. Das war am Anfang natürlich eine Umstellung für mich. Der Jetlag hat mich anfangs sehr müde gemacht. Aber mein Körper hat sich zum Glück schnell umgestellt. Und um zum Beispiel mit meinen Eltern zu telefonieren, muss ich immer rechnen, damit ich sie nicht mitten in der Nacht aus dem Bett klingle.

Über die Märkte schlendernd, werde ich umhüllt von den verschiedensten Düften und angelockt von unbekannten Köstlichkeiten. Es ist wie im Märchen.

Thailand ist quietschbunt! Je schriller die Farben und kitschiger die Accessoires, umso besser. Ich liebe es!

Die Vorliebe für bunte Accessoires, Plüschtiere und ähnliche Gegenstände in vielen asiatischen Kulturen kann auf verschiedene Faktoren zurückgeführt werden. Zum einen haben sie kulturelle Bedeutung. Farben spielen eine wichtige Rolle und haben oft spezifische Bedeutungen. Bunte Accessoires können Glück, Wohlstand oder Gesundheit symbolisieren.

Des Weiteren gibt es in Asien eine starke Tradition der Ästhetik, die Wert auf Detailreichtum und Farbenvielfalt legt. Dies spiegelt sich in der Liebe zu bunten und detailreichen Accessoires wider.

Plüschtiere und ähnliche Gegenstände können eine Quelle des Trostes und der Sicherheit sein. Sie sind oft mit positiven Erinnerungen verbunden und können als emotionale Stütze dienen.

Die asiatische Popkultur, einschließlich dem koreanischen K-Pop und dem japanischen Anime, ist bekannt für ihre lebendigen Farben und niedlichen Charaktere. Fans zeigen ihre Begeisterung oft durch das Sammeln von Merchandise, das diese Elemente widerspiegelt. Das Schenken von bunten, süßen Sachen ist hier eine gängige Praxis, um Zuneigung oder Dankbarkeit auszudrücken.

Die Lehrertoilette im Sommercamp war ein kleines Häuschen im Grünen. Extra für uns wurde ein

Abfalleimer, Tüten und eine Rolle Toilettenpapier bereitgestellt! War ich froh. Immer alles mitnehmen ist doch etwas umständlich.

Oft befinden wir uns auf der Ladefläche eines Geländewagens. So kommen viele Leute in Thailand von A nach B. Anschnallen ist hier übrigens ein Fremdwort.

Eines Abends besuchten wir den Nachtmarkt. Wie der Name schon sagt, hat er im Dunkeln geöffnet. Wir wurden von einem zauberhaften Lichtermeer begrüßt.

Durch die geschäftigen Stände zu bummeln, war eine wahre Freude. Von überall her duftete es himmlisch. Entweder nach Früchten, Seifen, Räucherstäbchen oder Gewürzen. In all dem Trubel sah ich ein Kind. Es spielte mit etwas. Hatte ein Lachen im Gesicht und mein Herz ging auf. Ich ging näher und erkannte, dass es mit einem kleinen Tier spielte. Mit einer Schnur. Zuerst konnte ich nicht richtig erkennen, was es war. Es war ein Hund. Ein winzig kleiner Hund. Ungefähr so groß wie ein Kaninchen. Das Kind strahlte mich an. Auch der Hund schien von mir begeistert zu sein. Oder eher gesagt von meiner blauen Stoffhose. Er fing plötzlich an, wie wild an meinem Hosenbein zu zerren. Zog an mir und hätte mich dabei fast in die Wade gebissen. Doch ich konnte ihm nicht böse sein, er war so süß!

Jeden Morgen begrüßte uns der Direktor der Schule. Für uns wurden Plastikstühle in einer langen

Reihe aufgestellt. Wir saßen wie die Hühner auf der Stange am Rand einer großen Halle. Sie hatte keine Seitenwände. Unsere Schüler saßen auf langen Bastmatten vor uns auf dem Boden. In Reih und Glied. Das fühlte sich etwas komisch an, nicht auf Augenhöhe zu sein. Doch wir waren die Lehrer. Alle Kinder trugen weiße T-Shirts mit Stehkragen und blaue Hosen. Auch die thailändischen Lehrer hatten blaue Hosen an, trugen dazu aber gelbe T-Shirts. An manchen Tagen hatten die Kinder auch Trainingsanzüge an. Jeder trägt ein selbstgebasteltes Namensschild um den Hals.

Morgens wartete ein aufgebautes Buffet auf uns und die Kinder. Wir aßen alle an unseren Plätzen. Meist Reis mit Früchten. In dieser «Aula» spielten wir nachmittags Spiele mit den Kindern. Sie hatten sehr viel Spaß daran. Es war eine sehr, sehr große Gruppe für Gemeinschaftsspiele. Doch die schon erfahreneren Volunteers, die ein paar Wochen oder Monate Vorsprung hatten, zeigten mir alles.

Ein berührendes Gefühl, mit so vielen Kindern zu singen und zu lachen. Auf dem Sportplatz spielten wir auch Fußball mit den Kindern. Zumindest vermute ich, dass es der Sportplatz war. Eine trockene braune Fläche hinter der Schule. Wunderschön umringt von Palmen, alten knorrigen Bäumen und Büschen. Vereinzelt lugten Grashalme aus dem Boden. Die Kinder sind diese Hitze gewöhnt. Ich nicht. Mein Trinkwasserverbrauch ist hier sehr hoch.

Aktuelle Volontäre im Camp: drei Deutsche, eine Amerikanerin, acht Holländer, einer aus Australien und zwei aus Österreich. Unsere Schüler verwechseln sehr gern Austria mit Australia. Von Österreich hat hier noch keiner gehört.

Die anderen und ich sind über eine Organisation hier, um Freiwilligenarbeit zu leisten. Das bedeutet, wir haben Geld bezahlt, um die Möglichkeit zu haben, uns hier vor Ort unentgeltlich für einen guten Zweck zu engagieren. Wir bekommen kein Geld für unsere Arbeit. Dafür werden in den Camps Unterkunft und Verpflegung gestellt. In unserer Basis in Nong Khai kaufen wir unser Essen selbst. Wir sind Ehrenamtliche in einem anderen Land. Wir geben, ohne zu erwarten. Wir möchten die Welt mit Liebe, Mitgefühl und verschiedenstem Wissen erfüllen. Bei uns in der Gruppe existieren keine Hierarchien, keine Titel und keine Grenzen. Jeder darf mitmachen. Es sind nicht nur junge Backpacker bei uns. Eine Frau ist schon etwas älter, berufstätig und nutzt ihren Jahresurlaub, um zu helfen. Unsere Gemeinschaft basiert auf Liebe, Empathie und dem Wunsch nach einer besseren Welt. Wir möchten Brücken zwischen den Kulturen bauen, unsere Lebenserfahrungen teilen und erweitern. Jeder bringt einen anderen Hintergrund und Überzeugungen mit. Und doch sind wir alle aus dem gleichen Grund hier. Um zu helfen.

An einem Tag kam extra wegen uns der Gouverneur der Region, um uns persönlich zu danken und jedem die Hände zu schütteln. Da wurden im Vorfeld immense Vorbereitungen getroffen! Es wurde geputzt und geschmückt, was das Zeug hielt. Alle Hände wurden gebraucht. Wir sind hier etwas sehr Besonderes. So viel Ehre und Verehrung sind wir überhaupt nicht gewöhnt. Es war uns zeitweise schon unangenehm, da wir unsere «Arbeit» freiwillig und von Herzen für die Kinder machen. Doch hier wird das Händeschütteln mit dem Gouverneur als eine symbolische Handlung des Respektes, der Anerkennung und Dankbarkeit gesehen. Uns wurde damit das Gefühl vermittelt, Teil der Gemeinschaft zu sein. Für einen Moment wurde die Hierarchie aufgehoben und wir standen auf derselben Ebene.

28. März

Special School and Monks

*«Wie Menschen andere Menschen behandeln, ist eine
direkte Reflexion davon, wie sie sich selber fühlen.»*
Paulo Coehlo

Diese Woche erwartete mich eine besondere Herausforderung. Ich besuchte mit zwei Mädchen aus Holland vormittags eine «Special School».
Das ist eine Schule für Kinder mit Behinderungen.
Damit hatte ich in Deutschland noch wenige Berüh-
rungspunkte. Mit der Schule hatte ich vor Jahren
eine Einrichtung für Menschen mit Downsyndrom
besucht. Daran erinnere ich mich gern. Die Bewohner dort waren so offen und herzlich. Es gab dort einen Raum, der als Bällebad genutzt wurde. Die junge Frau, die uns damals herumgeführt hatte, hatte
so einen Spaß darin. Daran erinnere ich mich gut.
In der Schule in Thailand, die wir besucht haben,
sind zwölf Kinder im Alter von vier bis dreizehn

Jahren und ein zwanzigjähriger Junge mit Downsyndrom. Aber trotzdem ist es emotional schwer für mich, dort zu sein! Ich bin hochsensibel. Mich nimmt alles sehr schnell mit. Ich versinke dann in Mitleid, obwohl es den Kindern gut geht. Sie kennen es nicht anders. Komischerweise befinden sich in dieser Einrichtung bloß Jungen. Viele sind Autisten, andere haben Entwicklungsverzögerungen. Manche haben körperlichen Behinderungen und sitzen im Rollstuhl.

In einer Klasse waren wir drei Lehrer mit vier Schülern. Wir spielten viel mit meinem mitgebrachten Spielzeug. Die Kinder liebten es, Memory zu spielen. Sie steckten auch mit Begeisterung meine Baustein-Knöpfe zusammen. Dazu saßen wir alle auf dem gefliesten Boden. Es freute sie auch sehr, wenn ich ihnen mit Bleistift ein Bild vorzeichnete. Sie malten es dann mit Buntstiften aus. Es ist nur etwas schwierig, viermal genau das Gleiche zu malen. Denn von meinem ersten Bild waren natürlich alle Kinder begeistert. Jeder wollte dann das exakt Gleiche haben. Am liebsten malen sie Mandalas aus. Das sind geometrische Muster. Ich malte ihnen Kreise mit Blüten auf. Oder viele kleine Herzen in einem Kreis.

Durch das Ausmalen von Mandalas entspannen sich die Kinder. Es baut den Stress in ihren kleinen Körpern ab. Der Gedankenfluss im Kopf versiegt, Sorgen werden ausgeblendet. Die Konzentration und Kreativität werden gefördert. Die Kinder konzentrieren sich nur auf eine Sache und das beruhigt.

Nach der buddhistischen Mahayana-Lehre sollen Mandalas nicht nur heilsam für die Gesundheit sein, sondern auch gegen die drei Geistesgifte Gier, Hass und Verblendung wirken. Vor allem aber dienen Mandalas der Meditation. Ob die Kinder das mit den Geistesgiften wissen, bezweifle ich.

Mandalas fördern Achtsamkeit und innere Ruhe. Somit bringen sie Entspannung in einen stressigen Alltag. Wahrscheinlich liebe ich sie deshalb so sehr. Genauso sehr wie puzzeln.

Wir bleiben immer bis zum Mittagessen und wenn die Kinder sich zum Schlafen legen, gehen wir wieder. Eine Mitfreiwillige aus Holland studiert in ihrer Heimat Sozialpädagogik. Sie ist fast täglich hier und richtet in enger Absprache mit der Leitung einen Snoezelraum für die Kinder ein. Dieser zielt durch seine akustischen und visuellen Reize ausschließlich auf Entschleunigung, Beruhigung und legt den Fokus auf Stille und innere Einkehr. Er dient zur Unterstützung und kann den Kindern die Möglichkeit geben, ihre Sinne gezielt wahrzunehmen sowie in einer ausgewählten, geschützten Atmosphäre zu entspannen. Das Deckenlicht kann gedimmt werden. Aktuell wird der Raum gestrichen. Das Konzept steht und es kommen entspannende Bilder an die Wand. Das Spannende ist, ich kannte dieses Konzept noch nicht. Es wurde in Holland entwickelt, um Menschen mit sensorischen Störungen und schwersten Behinderungen geeignete Freizeit- und Erholungsmöglichkeiten zu bieten. Beim Snoezelen werden gezielt alle Sinne angesprochen. Sehen, hören, riechen, schmecken und tasten. Ich bin begeistert, mit wie viel Engagement sich viele von uns hier einbringen. Diesen Kindern eine Auszeit vom Einrichtungsalltag zu bieten, neue Erfahrungen zu ermöglichen oder ihr Wohlbefinden zu steigern. Die Kinder können selbst bestimmen, ob und wie lange sie dieses Angebot nutzen möchten.

Es gibt auch eine Turnhalle mit Physiotherapeutinnen. Dort sind viele Matratzen auf dem Boden. Ich habe erstaunlicherweise nur Frauen gesehen, die hier arbeiten.

Massagen

Gestern hatte ich endlich meine erste Thaimassage! Es ist unglaublich, dass ich noch nicht früher dazu gekommen bin. Doch ich wurde sehr überrascht! Es handelt sich dabei in keiner Weise um eine Wellnessmassage! Diese Art des Massierens ist stattdessen ganz schön brutal. Alle Meridiane am Körper werden eingedrückt und das kann richtig wehtun! Außerdem massierte mich kein kleines, zierliches Thaimädchen, sondern eine richtige «Thaimummy»! Wenn die sich mit ihrem ganzen Gewicht auf mich stützte, blieb mir schon ziemlich die Luft weg. Sie hat mich auch noch mit ihren Füssen «massiert». Eher getreten! Für die Massage behält man seine Unterwäsche an und bekommt zudem noch blaue «OP-Kleidung» zum Anziehen. Die Thailänder sind schon sehr prüde. Hätte man mir das nicht im Vorfeld gesagt, hätte ich wahrscheinlich ziemlich blöd aus der Wäsche geschaut. Es wird auch ohne Öl massiert. Am Ende schmieren sie einen aber mit einer grünen Paste ein. Nein, kein Wasabi!

Ich fand es toll, dass sie am Anfang meine Füße gewaschen und gebürstet haben. Danach waren diese endlich wieder sauber! Auch wenn das Bürsten nicht so zärtlich war. Zum Entspannen gab es danach grünen Tee. Heute gehe ich vielleicht noch einmal hin, denn so günstig bekomme ich eine Massage nie wieder! Eine Stunde Massage kostet mich umgerechnet drei Euro. Obwohl es mir eigentlich wehtut. Vielleicht härtet es mich auch etwas ab. Und nach einigen Tagen, wenn diese Art Muskelkater oder eher Muskelschmerz nachlässt, fühle ich mich wie neugeboren.

Gestern Abend war magisch. Stille legte sich wie eine wärmende Decke über meine Seele. Der Duft von Räucherstäbchen umhüllte mich. Im Tempel eröffnete sich mir eine neue, unbekannte Welt. Ich trat in den angrenzenden Hof. Dort wurde ich bereits von jungen Mönchen erwartet. Sie wollten sich mit mir auf Englisch unterhalten. Über Buddha und die Welt, Deutschland, Frieden und den Zweiten Weltkrieg. Ich habe die Erfahrung gemacht, dass man, sobald man erwähnt, dass man Deutsche ist, unweigerlich auf dieses Thema angesprochen wird. Sie wurden von ihren Eltern in den Tempel geschickt. Sie dürfen nicht singen, nicht spielen, nicht Autofahren und keinen Alkohol trinken. Doch sie erhalten Zugang zu Bildung. Ein hohes Gut. Nicht nur in Thailand.

Ich hatte Bilder aus der Heimat dabei. Fotos von München, von unseren Klöstern und von Landschaften im Schnee. Doch ich war nicht gut genug vorbereitet. Eine Zeit lang lief unser Gespräch höflich distanziert.

Bis ich das Bild eines Sporthotels aus Österreich zeigte.

Im tiefsten Winter mit großem Wellnessbereich.

Und Frauen im Bikini, die sich auf Liegen rekeln!

Ab da hatte ich ihre volle Aufmerksamkeit.

Warum?

Weil ich ein Bedürfnis bei ihnen geweckt habe. Ein menschliches Verlangen, das selbst junge Mönche nicht leugnen können. Denn auch in ihren Herzen sind sie einfach nur junge Männer. Eigentlich wollte ich ihnen nur Schnee zeigen.

Wir unterhielten uns dann eine Stunde lang sehr angeregt in fast fließendem Englisch. Mich beeindruckte am meisten, dass man als Mönch, nachdem man studiert hat, entscheiden kann, ob man wieder

austreten möchte, um als normaler Mann weiterzu-
leben. Deshalb geben viele arme Familien ihre Kinder ins Kloster, um ihnen durch das Studium eine
bessere Zukunft zu ermöglichen.

2. April

2. Sommercamp

*«Mit dem Leben ist es wie mit einem Theaterstück.
Es kommt nicht darauf an, wie lang es ist,
sondern wie bunt.»*
Seneca

Soeben bin ich von meinem zweiten Sommercamp zurückgekommen. Es war in der Nähe des ersten Camps im Distrikt von Nongbualamphu. Es hat lange gedauert, bis ich mir diesen Namen merken konnte! Ich habe viele, viele Fotos im Gepäck mitgebracht. Ich habe mir jetzt einen Memory Stick mit zwei Gigabyte gekauft, die kosten hier fast nix, knapp 13 Euro.

Leider habe ich gerade nicht so viel Zeit. Mein Fahrrad war seit Donnerstag verschwunden und jetzt habe ich es endlich wieder gefunden. Nur leider ist es abgeschlossen. Jemand aus dem anderen Unterkunftshaus hat es genommen! Das ist so ärgerlich! Ohne Fahrrad ist man hier etwas aufgeschmissen.

Wir waren im Camp sieben Mädels und ein Hahn im Korb. Es nahmen um die einhundert Schüler aus vier verschiedenen Schulen des Umkreises teil. Sie waren zwischen sechs und zwölf Jahre alt. Wie die anderen Kleinen aus meinem ersten Camp. Sie haben genauso wie wir in der Schule übernachtet. Dazu gehörten mehrere große Häuser, in denen die Schüler normalerweise unter der Woche schlafen. Es war aufgebaut wie ein Internat. Also schliefen auch wir Lehrer in Hochbetten mit Bärchen-Bettwäsche. Das war so süß! Und sehr lustig! Da haben wir uns wieder wie vierzehn gefühlt.

Unser Stundenplan für die drei Tage war wirklich anstrengend! Zwischen sieben und acht Uhr gab es Frühstück, danach Programm bis halb zehn Uhr abends. Um die Zeit sind die Kinder dann ins Bett gegangen und wir hatten noch die Nachbesprechung des Tages.

Dieses Camp war wirklich harte Arbeit. Die Tage waren perfekt durchorganisiert. Jede Minute! Wir hatten sogar Ablaufpläne, wer wann wo zu sein hatte! Das war *really hard work* (richtig harte Arbeit)! Zusätzlich hatten wir auch noch meistens über vierzig Grad im Schatten! Zum Glück hielten wir uns in großen offenen Hallen mit Ventilatoren auf, aber man schwitzte trotzdem sehr viel. Und das umso mehr, wenn man durchgehend singt, tanzt und spielt.

Die Schirmherrin dieser Schule ist die Mutter der Prinzessin. Man findet die Bilder der Königsfamilie

überall! Die königliche Familie bedeutet den Thailändern alles. Man muss dies sehr respektieren und
darf nichts Negatives über sie verlauten lassen.
Dafür kann man unter Umständen ins Gefängnis
kommen.

Die Kinder hatten am ersten Tag sehr viel Heimweh und reagierten deswegen auch sehr schüchtern. Gegen Ende des Camps nicht mehr. Das ist
total faszinierend zu beobachten.

Unser Lieblingsabendessen war der scharfe
Fisch, den es hier immer gibt. Aber der ist wirklich
sehr scharf!

Zum Unterrichten bildeten wir Teams mit je einem thailändischen Lehrer als Partner. Meine Part-
nerin war eine ganz Liebe. Wir waren wirklich ein
klasse Team. Sie heißt Tukta.

Am ersten Abend fuhren wir noch an einen
See, um etwas zu trinken. Leider nur einmal. Die
anderen Abende hatten wir keine Zeit mehr zum
Wegfahren.

Es fiel mir wirklich schwer, mein zweites Camp
zu verlassen. Von meinen Schülern bekam ich wieder sehr viele selbst gebastelte Herzen und sogar
ein Plüschherz am Stiel. Das war so süß von ihnen!
Ein kleines Mädchen hat für mich sogar eine ganze
DinA4-Seite mit: «I love love, love, ..., love, love Nicole!» vollgeschrieben. Nachdem ich sie ganz fest
umarmt habe, ist sie weinend davongelaufen. Das
hat mir fast mein Herz zerrissen! Mir standen die

Tränen in den Augen, so bewegend war diese Situation für mich. Die Kinder geben mir so viel, das ist unbeschreiblich und sehr schwer in Worte zu fassen.

Am ersten Tag sind sie immer sehr schüchtern und schauen einen ganz ungläubig mit ihren großen Rehaugen an. Doch am Ende, nachdem sie Vertrauen zu uns gefasst haben, lieben sie uns so sehr, dass der Abschiedsschmerz natürlich dementsprechend heftig ist.

Diesmal waren es um die einhundertzwanzig Grundschüler aus verschiedenen Schulen des Umkreises. Wir bildeten acht Schülergruppen und jeder Volontär übernahm eine. Meine Gruppe hieß «Butterflygroup». Die Kinder können sich leichter merken, in welche Gruppe sie gehören, wenn man sie benennt. Meine Süßen! Jedes Kind und auch jeder Gruppenleiter und Lehrer trug ein Namensschild um den Hals, darauf befand sich der Name der Person und darunter der Gruppe.

An einem der Abende bereiteten wir Volontäre «three little pigs» vor. Ein Theaterstück, angelehnt an die Geschichte der drei kleinen Schweinchen und dem bösen Wolf, der ihre neuerbauten Häuschen umblasen möchte. Ich schlüpfte in die Rolle eines kleinen Schweinchens. Es ist so schön zu spüren, wie meine Kreativität hier in Thailand aufblüht. Ich bastelte rosa Ohren und Schwänzchen. Sammelte Steine und Palmwedel und freute mich auf die

Gesichter unserer Kleinen. Sie waren begeistert und ihr Lachen erfüllte den ganzen Saal. Vor allem in dem Moment, als wir mit unseren Schwänzchen in Richtung Publikum gewackelt haben.

Danach haben wir Lehrer zusammen mit unseren Gruppen eine kleine Geschichte vorbereitet. Die Kinder lieben es, ihre eigenen Ideen verwirklichen zu dürfen. Leider geben ihnen die thailändischen Lehrer zu oft vor, was sie machen sollen. So wird ihnen die Chance auf die Umsetzung eigener Einfälle verwehrt. Wir versuchen, ihnen so viel wie möglich diesen Raum einzuräumen. Denn nur so können sie sich entfalten. So wie beim Basteln. Das bereitet ihnen sehr viel Freude. Die Geschichte meiner Butterflygroup war «the rabbit and the wolf», der Hase und der Wolf. Ein kleines Mädchen hatte sie geschrieben. So eine süße Geschichte! Der Hase und der Wolf wollen zusammen zum Markt gehen. Sie laden all ihre Freunde, das Huhn, den Hund und den Frosch ein, mitzukommen. Auf dem Markt gibt es Eiscreme, Fischer und «Shoppingladys», einkaufende Frauen. Und das Lustigste an dieser Geschichte war, dass am Ende ein kleiner Junge als Weihnachtsbaum verkleidet die Bühne betritt und alle Jingle Bells singend um ihn herumtanzen. Meine Rolle in diesem Stück war natürlich auch nicht ohne! Ich war der Erzähler der Geschichte und hatte einen Hut auf, auf dem stand: «Narrator – I am not here» («Erzähler – Ich bin nicht anwesend»). Meine

Kleinen waren so nervös, dass ich andauernd von einem Ende der Bühne zum anderen gelaufen bin, um ihnen den Text einzuflüstern. Tja, das ging einige Zeit ganz gut. Auf der linken Seite der Bühne stand eine Art Altar und daneben auf einer Staffelei das Bild des Königs. Dieser wird hier über alles verehrt. Sein Bildnis ist in Thailand allgegenwärtig. Selbst neben den Straßen schaut er riesengroß auf sein Volk. Tja, und als ich auf der Bühne von einem Kind zum anderen gelaufen bin, war es leider genau dort etwas glatt und rutschig und ich fiel der Länge nach hin und landete vor dem Altar. Die anderen Volontäre fanden meine Aktion natürlich sehr, sehr lustig!

Wir schliefen alle in einem der großen Gebäudekomplexe. Die Kinder schliefen in einem der Häuser und wir mit den Lehrern in einem anderen. Das war richtig lustig! Einer von uns hatte seine Gitarre dabei und abends saßen wir dann in unseren Hochbetten und haben Lieder gesungen. Die gemeinsamen Erfahrungen hier lassen uns als Gruppe zusammenwachsen. An einem Abend haben wir alle gemeinsam meditiert. Auf den oberen Betten, das war sehr schön und hat gutgetan!

Eine Situation fand ich auch so lieb und unbeschreiblich. Eine Mutter kam mit ihrem kleinen Mädchen zu mir, strahlte mich an und setzte es mir auf den Schoß. Sie wollte unbedingt ein Bild von mir und ihrem Kind. Das ist immer so lieb! So süß!

Das würde dir in Deutschland nie passieren. Hier in Thailand sind die Leute so herzlich und allem Neuen gegenüber so offen. Das ist beeindruckend. Sie besitzen materiell nicht viel, doch die Reichtümer in ihren Herzen sind unermesslich!

Aufgrund meiner weißen Haut werde ich hier wie ein Star behandelt. Inmitten der braun gebrannten Bevölkerung leuchte ich richtiggehend! Doch es ist viel zu heiß, um draußen herumzulaufen, um selbst braun zu werden. Und selbst wenn wir kurz die Sonne sehen, sind unsere Schultern und Knie bedeckt. Wir Lehrer müssen uns an eine Kleiderordnung halten.

4. April

Besuch bei Mönchen und im Waisenhaus

«Hirn und Herz sind unsere Tempel,
Güte unsere Philosophie.»
Dalai Lama

Momentan komme ich fast gar nicht mehr hinterher, alles auf Papier festzuhalten. So viel passiert täglich. Mein Fahrrad fährt wieder. Zum Glück! Bei dieser Aktion habe ich mich echt gefragt, was das soll. Aber von vorne.

Kurz vor meinem letzten Camp war morgens auf einmal mein Fahrrad verschwunden. Wir alle haben gemietete Räder. Die parken wir vor unserem Gebäude in der Einfahrt. Eine Woche ausleihen kostet umgerechnet zwei Euro. Das ist praktisch, denn ohne Rad ziehen sich manche Strecken bei diesen Außentemperaturen doch etwas. Auf jeden Fall war meines eines Morgens nicht mehr da.

Zuerst bin ich mit einem Tuk-Tuk zu unserem anderen Wohngebäude gefahren.

Ich wollte nachschauen, ob sich vielleicht jemand anderes, ohne zu fragen, mein Rad ausgeliehen hatte. Denn an diesem Tag fehlten insgesamt drei Fahrräder. Doch Fehlanzeige. Nach unserem Camp tauchten die beiden anderen als vermisst gemeldeten Räder wieder auf, doch meines blieb unauffindbar.

Bis zum heutigen Morgen. Da stand es auf einmal, als wäre nie etwas gewesen, vor der Türe des anderen Gebäudes. Meine Freude war groß! Bis ich die Kette daran entdeckte. Unknackbar. Wir haben uns sogar mit einer großen Zange daran versucht. Was hat uns da nur geritten? Doch ausnahmsweise handelte es sich bei diesem Modell um sehr gute thailändische Qualität! Wir vermuteten, dass es vermutlich einer der gerade angekommenen Volontäre genommen hatte und aus Angst, dass es ihm jemand stiehlt, abgesperrt hat. Ein Neuer deshalb, denn niemand sperrt in Thailand sein Fahrrad ab. Doch es verhielt sich am Ende alles ganz anders! Mein Chef hatte es abgeschlossen! So klasse! Das kam heraus, als ich ihn irgendwann doch wegen der Situation angerufen habe. Ich erzählte ihm die ganze Geschichte, dass es seit Donnerstag verschwunden war und ich es nun endlich gefunden hatte. Doch leider abgeschlossen. Da meinte er ganz trocken: «Ach, das war ich, ich dachte, es

gehört jemand anderes, der schon abgereist ist!»
Haha, wie habe ich gelacht! Nicht! Wenigstens hatte ich wieder einen fahrbaren Untersatz. Man ist ohne hier echt aufgeschmissen.

Gestern waren wir hier in der Nähe in einem Skulpturenpark. Dort stehen bis zu zwanzig Meter hohe Skulpturen. Das ist echt beeindruckend! Man sieht riesige Schlangen mit mehreren Köpfen, den Lebensweg, Mönche, Elefanten und viele andere beeindruckende Plastiken. Ein bisschen komisch ist es schon, bei sengender Hitze durch einen Park mit Statuen zu laufen.

Wenn wir in der Basis wohnen, helfen wir einmal in der Woche beim Restaurieren der *Meechai School*. Wir verschönern unter anderem die Wände der Klassenräume. Dort habe ich einen großen vorgezeichneten Drachen ausgemalt. Da sitze ich dann in kurzer Hose und T-Shirt auf einer Leiter. Habe Eimer und Pinsel in der Hand und fahre vorgezeichnete Linien nach. Es ist irgendwie ein lustiges Gefühl. Auch hier gibt es viel zu tun. Letztens habe ich einen Tisch abgeschliffen. Der wird dann neu lackiert. Ich bin gern kreativ. Bastle und male mit viel Leidenschaft. Und das noch lieber, wenn es für einen guten Zweck ist.

Die Menschen hier sind uns sehr dankbar, dass wir ihnen tatkräftig unter die Arme greifen. Je mehr mithelfen, umso schöner wird es. Und wir haben auch sehr viel Spaß miteinander bei der Arbeit. Wir singen und lachen. Erzählen uns Geschichten aus unserer Heimat. Wachsen als Gruppe zusammen.

Wenn man durch die Straßen läuft, sieht man des Öfteren Kinder mit stellenweise weißen Gesichtern. Als ich das zum ersten Mal bemerkte, bekam ich einen großen Schrecken. Dachte an irgendwelche gemeinen Krankheiten. Dabei handelt es sich nur um Babypuder. Dieser wird hier gegen die Hitze verwendet. Und er kühlt wirklich. Ich musste das natürlich auch sofort ausprobieren. Meiner riecht wie das Mittel, mit dem man sich die Brust einschmiert, wenn man eine Erkältung hat. Erst brennt der Puder ziemlich auf der Haut. Dann wird er so kalt, dass man friert. Jedenfalls so, dass ich friere. Ungewohnt, aber sehr erfrischend.

Endlich schwimmen!

Und nun zum Swimmingpool. Er hat endlich geöffnet! Das Wasser war zwar immer noch nicht so sauber, aber es handelt sich dabei wenigstens um Wasser. Es hat so gutgetan ein paar Bahnen zu schwimmen. Man bedenke, dass hier tagsüber durchgehend die Sonne scheint. Bei über dreißig Grad und mit einem sehr hohen Anteil an Luftfeuchtigkeit. Dreimal am Tag duschen und frisch anziehen ist hier normal. Ich freue mich jedes Mal auf eine erfrischende Dusche! Die Thais duschen immer kalt. Bei uns in der Basis sind in den beiden Badezimmern extra Durchlauferhitzer installiert worden. Es gibt dadurch aber trotzdem nicht unbegrenzt warmes Wasser. Manchmal wird schon sehr darüber diskutiert, wer als Erstes duschen gehen darf. Wir schauen, dass es fair bleibt und wechseln ab. Ach ja, die Dusche dort sieht nicht so aus wie daheim. Es gibt keine Kabine. Der Raum ist gefliest. In Rosa. An der Wand gibt es die Duscharmatur. Und unten den Abfluss. Das wars. Spartanisch, aber es reicht. Meine langen Haare sammele ich nach dem Duschen immer gleich ein, um nichts zu verstopfen.

Abends bei den Mönchen war es wieder sehr interessant. Die, mit denen ich mich heute unterhalten habe, waren achtzehn. Es ist so spannend, was man alles über ihr tägliches Leben erfährt. Wenn sie versehentlich eine Frau berühren, ist es ok, sonst ist jeglicher Körperkontakt verboten. Sie essen nur morgens und mittags. Im Tempel haben sie die Möglichkeit zu studieren. Sie schlafen ohne Matratze und Kissen auf dem Boden und dürfen Geld nicht berühren. Wenn ihnen eine Frau etwas geben möchte, muss sie es vor ihnen auf den Boden legen, gleichzeitiger Kontakt am Gegenstand muss vermieden werden.

Es war so lustig, einer hat mich nach dem Bundesadler gefragt. Wieso wir Deutsche ihn als unser Wappentier verwenden. Gute Frage. Um diese gekonnt zu umgehen, habe ich ihnen meine letzten drei 1-Euro-Stücke gezeigt. Den Adler auf der Rückseite fanden sie klasse und das Geldstück an sich faszinierend. Dann habe ich ihnen noch erklärt, dass ein Euro fünfzig Baht entsprechen und Schwupps waren alle meine Eurostücke verschwunden. Thailänder verstecken ihr Geld gern in ihren Ohren (keine Ahnung, wieso ...) und aufgrund dessen habe ich es ihnen dann geschenkt. Die Freude war riesig! Auf meine Frage, wieso sie denn nun auf einmal Geld berühren dürften, meinten sie ganz schelmisch, dass es ja in diesem Falle Lernzwecken diene. Wieso sollten heranwachsende junge Mönche auch anders sein als andere Gleichaltrige?

Einer von ihnen schenkte mir ein kleines Dreieck aus Stein mit einer Buddha Statue darauf. Als Glücksbringer. Daraufhin habe ich ihm mein letztes 1-Cent-Stück geschenkt, damit es ihm Glück bringen möge. Ich habe auch dazu gesagt, dass es mir mein Vater zum Abschied geschenkt hat. Er wird es in Ehren halten.

Heute Mittag war ich im örtlichen Waisenhaus. Das war eine besondere Erfahrung für mich. Die Kleinen sind so süß! An diesem Ort könnte ich wohnen.

Zwölf kleine Kinder zwischen fünf Monaten und vier Jahren erwarteten uns schon mit großen Augen. Sie sind alle in ihren Stoffwindeln zwischen uns, viel Spielzeug und Kuscheltieren herumgelaufen.

Wir waren drei Volunteers und zwei Betreuerinnen von dort. Am Anfang saßen wir einfach auf dem Boden und warteten ab. Es dauerte nicht lange und das erste Kind kam angelaufen, ließ sich auf meinen Bauch fallen und wollte kuscheln. Das war so süß! Ich liebe kleine Kinder! Irgendwann sind zwei gleichzeitig auf mir herumgeturnt. *Hoppe hoppe Reiter* spielen haben sie geliebt. Kurz bevor wir gingen, haben wir sie noch gefüttert. Oder besser gesagt, wir sind mit dem Löffel hinter ihnen hergerannt.

Die kleine Maus mit fünf Monaten war so goldig! Sie hat andauernd gelacht und gestrahlt. Es war wunderschön! Liebe ist die Sprache der Welt. Vor allem den ganz Kleinen ist es so egal, wie du aussiehst, wo du herkommst und was du machst. Sobald sie deine Liebe spüren, haben sie dich sofort in ihr kleines Herz eingeschlossen. Für immer.

Heute Nachmittag ging ich zu einer Schneiderin. Eine Bekannte hat sich hier ein Kleid schneidern lassen. Als sie mir davon erzählte, war ich gleich Feuer und Flamme. Ich dachte mir, das will ich auch! Ich möchte mir ein Kleid für die Hochzeit meiner besten Freundin schneidern lassen. In einem Magazin habe ich schon ein sehr schönes Modell gesehen. Ich wollte es noch etwas umändern. Mir schwebte ein trägerloses, bodenlanges Kleid in Rot mit weißen Bändern über der Brust vor. Aus Seide, wenn das nicht zu kostspielig werden würde. Aber für diese Hochzeit ist mir nichts zu teuer. Ich versuchte, eine Skizze anzufertigen. Bei der Schneiderin überarbeiteten wir zusammen meinen Entwurf. Sie gab mir noch Tipps zum Stoff. Es sollte zweilagig werden. Ich brauchte einen dünneren und einen dickeren roten Stoff. Wir kommunizierten wieder mit Händen und Füßen und sehr wenig Englisch. Ich bin immer wieder überrascht, wie gut das funktioniert. Natürlich lachen wir dabei immer sehr viel.

Es war nicht so einfach, den passenden Stoff zu finden. In einem Laden fand ich die weißen, bestickten Bänder. Die rote Seide zu finden war schwieriger. Doch nach etlichen Läden und dem Abklappern von Händlern hatte ich endlich alles zusammen.

Das Ergebnis war einfach nur ein Traum. Ich hielt ein maßangefertigtes Kleid aus Seide für unter 100 Euro in den Händen. Es passte wie angegossen. Ich fühlte mich wie eine Prinzessin. Und dann war es auch noch selbst entworfen. Ich bin so stolz. Ich hätte platzen können vor Freude. Von oben nach unten: Es ist trägerlos, hat einen weißen Streifen über der Brust, zwei weitere kreuzen sich unterhalb der Brust. Das rot schimmert. Es ist bodenlang und die beiden Lagen schwingen schön, wenn ich mich bewege. Ich dachte, Seide wäre weicher. Doch es fühlt sich gut an auf der Haut.

5. April

Feiern mit Freunden

«Ein Leben ohne Feste ist wie eine lange Wanderung
ohne Einkehr.»
Demokrit

Gestern Abend hatten wir eine lustige Party!
Wir haben unser zweites Quartier wunderschön dekoriert. Mit Luftballontieren und Christbaumlampen. Man bedenke, ich bin in Thailand! Im Frühjahr. Das Motto der Party war «proud to be foud». Das bedeutet, stolz darauf zu sein, falsch (angezogen) zu sein. Ich trug ein weites rotes Hippiekleid mit gelbem Wickelrock, dazu einen rosa und einen hellblauen Socken. Als Accessoire noch eine sehr stylishe Kette: Mein Survival-Besteck an einem Umhängeband in Knallorange. Ich habe unmöglich ausgesehen! Wir haben bis spät in die Nacht getanzt und gesungen. Wir sind so eine tolle Truppe. Junge Leute aus der ganzen Welt mit den gleichen Werten. Helfen, Liebe, Freundschaft, Empathie.

Meine weiteren Pläne schauen folgendermaßen aus, morgen, Freitag, den 6. April geht es bis Samstag in das nächste Camp. Sonntag, den 8., bis Dienstag geht es nach Bangkok zum Sightseeing. Mittwoch, den 11., bis Sonntag, den 15., fliege ich nach Phuket. Darauf freue ich mich schon sehr! Am Dienstag, den 17., fahre ich nach Pai, das ist bei Chiang Mai, oben im Norden. Bis zum Sonntag werde ich dort sein, zum Elefantenreiten, Trekking-Touren machen und möglicherweise zum Erholen. Aber nur eventuell, es gibt doch immer so viel zu erleben! Dienstag, den 24., ist dann das nächste Unterrichtscamp für vier Tage. Und dann ... bin ich reif für die Insel(n).

Dass mein Ausflug nach Pai klappt, freut mich so sehr. Heute habe ich mit meinem Boss und Koordinator Rick gesprochen. In Pai im Norden Thailands befindet sich eine weitere Agentur seiner Organisation und ich kann umsonst bei deren Volontären im Haus schlafen. Das ist natürlich viel besser, als auf eigene Faust ein Hotel oder ein «Guesthouse» zu suchen. Darüber freue ich mich sehr. Eine Freundin von mir fährt am gleichen Tag wie ich nach Pai, um dort für vier Wochen zu unterrichten. Das trifft sich doch alles sehr gut und macht gleich doppelt so viel Spaß. Klasse!

Auf manchen meiner Fotos sieht man, dass ich doch einmal ausschlafen sollte, langsam schaue ich etwas müde aus. Darüber bin ich selbst ein bisschen erschrocken. Am Strand werde ich mir viel Ruhe gönnen. Ich freue mich schon sehr darauf und bin gespannt, was mich dort noch alles an Aufregendem und Neuem erwartet. Doch jetzt wird erstmal drei Tage wieder gepowert!

8. April

Sommercamp No. 3 am See

«Anstrengungen machen gesund und stark.»
Martin Luther

Und schon liegt mein drittes Sommercamp hinter mir. Wie die Zeit vergeht! Es war sehr schön, aber wieder auch sehr anstrengend. Unser Tagesablauf ist bei diesen Camps immer sehr durchorganisiert! Das Camp lag dieses Mal an einem See, umgeben von Pflanzen in sattem Grün und hohen Bergen. Wunderschön! Meine Freundin aus Deutschland und ich wurden Donnerstagmorgen von Mongkut, unserem Lieblingsdirektor abgeholt. Er ist auch unser einziger Direktor, by the way. Wir waren seine «Special Guests», da wir flugbedingt nur bis Samstag am Camp teilnahmen.

Auf dem Weg zum Camp gab es noch einen Zwischenstopp. Wir besichtigten eine wunderschöne, riesengroße Höhle in einem Berg. Leider war diese oben am Gipfel. Wir mussten zuerst sechshundertelf steile Stufen erklimmen. War ich fertig! Wir haben jeder bestimmt vier Liter Wasser aus uns herausgeschwitzt. Es war nämlich mal wieder Mittagszeit und das bedeutet: schönste Mittagshitze! Wieso machte ich diese Dinge immer bei Mittagshitze?

In der Höhle waren viele Mönche unterwegs, um die heiligen Stätten darin zu besuchen. Ein kleiner Junge, um die zehn Jahre alt, hat uns geführt und uns mystische Geschichten über die Höhle erzählt. Am anderen Ende der Höhle gab es einen Ausgang. Der Ausblick von dort oben war fantastisch. Als ich wieder am Fuße des Berges angelangt war, haben mir direkt die Knie gezittert, so anstrengend war dieser Ausflug gewesen. In der Nähe der Höhle wohnen Nonnen. Diese müssen eine Glatze und ganz weiße Gewänder tragen. Die Vorschriften für Nonnen sind strenger als die für Mönche.

Da wir mit dem Auto viel früher als die anderen im Camp ankamen, mieteten wir uns erst einmal ein Tretboot und drehten auf dem See zum Erholen eine Runde. Das hat gutgetan! Am anderen Ufer des Sees soll es sogar Affen geben. Leider habe ich keine gesehen. Nur Kühe und Geckos. In Thailand gibt es so viele Geckos! Total putzig! Sie können sogar ihren Namen rufen «Geee-kooo, Geee-kooo!» und das zu jeder Tages- und Nachtzeit. Am Anfang fand ich es noch süß. Am Anfang!

Die anderen fünf Volunteers wurden etwas später von P'Ting mit dem Bus abgeholt. Leider verlief deren Fahrt nicht reibungslos. Es gab einen Zwischenfall. Während der Fahrt zersplitterte die Scheibe in Millionen Einzelteile. Die Vermutung, die im Raum stand war, dass dank Klimaanlage drinnen und Hitze draußen die Scheiben kapitulierten.

Abendessen gab es auf Matten vor unserem Haus, direkt am See. Total gemütlich. Es gefällt mir so sehr, auf dem Boden zu sitzen, ohne einen Tisch zwischen sich und den anderen zu haben.

Das Camp liegt direkt bei einer großen Weberei des Königs. In der Halle mit den Webstühlen haben wir an den darauffolgenden Tagen immer gegessen, während die Weberinnen mit Seide gewoben und gearbeitet haben. Es dauert ungefähr drei Monate, um ein Tuch von einem auf vier Meter zu weben. Ich kam mir vor wie im Museum, eine einmalige Erfahrung!

Wir haben zusammen mit den Thailehrern in dem schönen Haus am See geschlafen. Alle zwölf Freiwilligen in einem Raum in einem großen Bett. Auf einer Erhöhung lagen alle Matratzen nebeneinander. Ohne Zwischenraum. Kuschelig.

Abendessen gab es auf dem Boden vor unserem Haus. Wir saßen auf Decken, zusammen mit den Lehrern und dem Direktor. Gefrühstückt wurde an einer langen Tafel. Sogar mit Stühlen.

Unsere Schüler hatten auch ein schönes Haus, nahe der Webhalle. Es waren diesmal circa achtzig

Kinder, im Alter zwischen zwölf und vierzehn Jahren. Ihr Englisch-Level war in Ordnung. Damit ließ sich arbeiten. Wir haben überwiegend Grammatik unterrichtet: *I do, he/she/it does*. Frühmorgens ging es wieder los bis spätabends. Diesmal unterrichtete ich die Harry-Potter-Gruppe. Weil es so warm ist, findet der Unterricht vor den Häusern im überdachten Eingangsbereich statt. Die Kinder sitzen auf den niedrigen Seitenwänden bzw. Mäuerchen. Die große Tafel haben wir für den Unterricht herausgetragen.

Am Freitagabend gab es noch eine große Verabschiedungsparty für meine Freundin und mich, da wir schon eher als die anderen abreisten. Mit einer Karaoke-Party! Die Thailänder sind von Haus aus schüchtern, aber kaum sehen sie ein Mikrofon, stehen alle auf der Bühne und wollen singen, das ist so lustig!

Samstag gab es dann feierlich im Kreis der Kinder Urkunden für uns. Und Geschenke für uns von P'Ting. Einen sehr schönen hellblauen Seidenschal und ein wunderschönes handgemachtes Tuch als Glücksbringer. Tukta (meine Lieblingsthailehrerin!) hat mir auch einen Glücksbringer und so einen süßen Brief dazu geschenkt. Beim Verabschieden hat sie zu weinen angefangen. Ich war auch so ergriffen. Mir wurde ganz warm und ich hatte auch Tränen in den Augen. Diese Erfahrungen sind unbeschreiblich und einmalig!

Zurück in der Basis war es der letzte Abend in Nong Khai für meine Freundin. Alle Freiwilligen gingen zusammen in ihre Lieblingsbar *Surre@l* zum *Red Curry* essen und *Banana Bacardi Smoothie* trinken. Es war ein lustiger Abend. Erst waren wir die einzigen Gäste und dann kam irgendwann ein Thailänder, der sich mit uns auf Deutsch (!) unterhalten wollte. Er studiert Germanistik in Bangkok und spricht zudem noch Japanisch und Englisch! Wir vermuten, dass er eine Perücke trug. In Kombination mit einer getönten Sonnenbrille. Ein Unikat der Mann! Es war ein sehr schöner Abend.

In drei Stunden geht es jetzt nach Bangkok.

11. April

Bangkok, Phuket, Sonnenbrand

«Die größte Sehenswürdigkeit,
die es gibt, ist die Welt.
Sieh sie dir an.»
Kurt Tucholsky

Meine beiden Tage in der Hauptstadt waren sehr schön! Eine faszinierende Stadt! Wahnsinn, so etwas habe ich noch nie gesehen. Neben sehr hohen Wolkenkratzern und überdimensional großen Werbeplakaten gibt es auch die andere Seite der Medaille: bunte, überlaufene Straßenmärkte und ärmere Häuser. Wir bekamen nach unserer Ankunft erst einmal einen Kulturschock! So viele Ausländer (Nicht-Thais) auf einem Haufen! Das war uns schon fast zu viel! In Nong Khai waren wir ja fast die einzigen Fremden.

Im Norden sind die Thailänder an sich auch ganz anders. Viel offener und freundlicher. In Bangkok mussten wir vor den Straßenhändlern und Taxianbietern direkt flüchten. So viel europäisches Verhalten waren wir überhaupt nicht mehr gewohnt.

Wir kamen Sonntagnacht in Bangkok an. Es war großartig, mit dem Taxi auf das hell erleuchtete Bangkok zuzufahren. Über unsere Unterkunft haben wir uns auch sehr gefreut. Wir wussten im Vorfeld nicht genau, was uns erwarten würde. Bis unser Taxi dann im besten Viertel anhielt. Gegenüber von unserem «Guesthouse» befindet sich das «The Western», ein sehr großes, bestimmt sehr teures Hotel, und das «Sheraton». Also nicht die schlechteste Ecke der Stadt. Der Skytrain und auch die U-Bahn sind gleich vor der Haustür. Über unser Zimmer haben wir uns so gefreut. Mit Marmorbad, richtiger Dusche und westlicher Toilette. Also mit Schüssel zum Hinsetzen. Die Hockstellung ist wirklich gewöhnungsbedürftig. Es gab sogar einen Fernseher und eine Minibar! Und mit das Wichtigste: Wir hatten eine Klimaanlage! Eine richtige Klimaanlage! Nicht nur laute Ventilatoren, die warme Luft von einer Ecke des Zimmers in die andere pusten.

In der Ankunftsnacht sind wir noch über einen Straßenmarkt in der Nähe gelaufen. Man erlebt so kuriose Sachen in Bangkok! Alle paar Meter wurde meine Freundin angesprochen, ob sie nicht Lust auf bestimmte Etablissements hätte! Sie ist eine wirklich große und starke Frau mit kurzen Haaren und

98

irgendwie wird sie hier immer mit einem Mann verwechselt. Wir wirken wohl wie ein Pärchen, wenn wir unterwegs sind. Doch dann wäre dieses Angebot eigentlich noch unverschämter!

Wir gingen also schon müde und erschöpft vom Tag zwischen den Händlern spazieren. Und auf einmal kam uns ein kleiner Elefant entgegen! Da bekamen wir große Augen. Mitten in der Stadt. Mit seinem Führer. Gegen Geld hätte man Fotos mit ihm machen können. Also ist er leider eine Touristenattraktion.

Am Montag unternahmen wir eine *Temple Tour*. Dabei haben wir uns drei wunderschöne Tempel angesehen. Es war eine geführte Tour. Mit englischsprachigem Guide und Minivan, der sehr zu unserer Freude eine funktionierende Klimaanlage hatte. Man merkt, ich bin für Klimaanlagen zu begeistern. Der Ausflug hat jeden von uns umgerechnet nur neun Euro gekostet. Für den halben Tag inklusive aller Eintritte. Ich habe sehr schöne Fotos geschossen! Solche Touren kann man vor Ort in jedem Reisebüro buchen.

Nach unserer Tempel-Tour wurden wir alle zum größten Juwelierladen der Welt gefahren. Beeindruckend! Mit eigener Werkstatt. Das hat gefunkelt und geglitzert! Wahnsinn, so einen edlen, teuer geschmückten Verkaufsraum habe ich noch nie zuvor gesehen! Wunderschöne Exponate, die leider bei tausend Euro losgingen. Sie wurden uns als Geschenke oder Mitbringsel für zu Hause angeboten. Schade, dass ich nicht so reich bin, wie die Thailänder alle denken. Na ja, irgendwie haben sie ja dann doch Recht, für ihre Verhältnisse wäre selbst ein Harzt-IV-Empfänger wohlhabend.

Wir sind danach mit dem Skytrain, der Bahn in Bangkok, zum Fluss Chao Phraya, dem «Fluss der Könige» gefahren. Dort genossen wir eine Bootstour. Wir hatten einen Tagespass und konnten damit hin- und herfahren. An verschiedenen Punkten durften wir aussteigen. Unter anderem haben wir auch Chinatown besichtigt. Der Tagespass hat, glaube ich, einen Euro gekostet. Man bekommt dann lustige, bunte Aufkleber auf das T-Shirt geklebt, damit der Bootsführer weiß, wer wie lange mitfahren darf.

Der offizielle Name von Bangkok ist übrigens:

Krung Thep Mahanakhon Amon Rattanakosin Mahinthara Ayuthaya Mahadilok Phop Noppharat Ratchathani Burirom Udomratchaniwet Mahasathan Amon Piman Awatan Sathit Sakkathattiya Witsanukam Prasit.

Das ist der längste Ortsname der Welt. Die Thailänder bevorzugen Krung Thep – *Stadt der Engel*.

Am nächsten Tag besichtigten wir die schwimmenden Märkte außerhalb von Bangkok. Auch ein herrliches Erlebnis. Der Markt weilt auf dem Fluss. Die Händler fahren mit ihren Waren in Booten hin und her und auch die Kunden werden in Booten kutschiert. Der Markt ist bekannt für frisches Essen und viele andere Dinge, die man kaufen kann. Märkte sind ein wichtiger Teil der thailändischen Kultur und ziehen viele Besucher an. Manche Märkte sind sehr bekannt und voller Touristen, andere sind ruhiger und mehr bei den Einheimischen beliebt. An den Wochenenden sind sie meistens geöffnet. Dort kann man leckeres thailändisches Essen probieren und ein besonderes Einkaufserlebnis genießen. Ich habe mir eine Gewürzsammlung gekauft. Sie duftet wundervoll. Es ist ein toller Ort, um die Kultur zu erleben und Spaß zu haben. Dort durchzufahren, war sehr unterhaltsam. Vor allem nachdem ich die Krokodile und Schlangen im Wasser entdeckt hatte.

Jetzt muss ich leider weiter. Der zweite Teil wird so schnell wie möglich nachgeholt. Ich befinde mich momentan in Phuket. Endlich Meer und Pool. Sonnenbrand inklusive.

13. April

Die Insel Phuket

«Wir müssen bereit sein, uns von dem Leben zu lösen,
das wir geplant haben,
damit wir das Leben finden,
das auf uns wartet.»
Oscar Wilde

Gut gelaunt verließen wir die Hotelanlage. Lachten. Freuten uns auf den Abend. Mein Bauch knurrte. Es wurde Zeit für das Abendessen.

Wir hatten kein Ziel. Wollten einfach der Nase nach. Uns überraschen lassen. Wir bogen um die Ecke, in Richtung Hauptstraße. Dort blieb ich wie angewurzelt stehen. Meine Freundin fiel fast über mich. «Schnell zurück!», rief ich und schubste sie vor mir her. Ich sah viele Fragezeichen in ihren Augen. Meine waren erschrocken geweitet. Ich spürte mein Blut in meinen Ohren rauschen, so schnell schlug mein Herz. Das war knapp gewesen. Fast hätten sie uns erwischt. Viel hatte nicht mehr gefehlt. Jetzt sah sie es auch. Ihre Augen weiteten sich. Wurden so groß wie meine. Wir packten uns an den Händen und liefen, was unsere Beine hergaben.

Verfolgt von johlenden Kindern mit Wasserpistolen.

Happy Thai New Year. Was wir in Deutschland mit Feuerwerk begrüßen, wird hier mit Wasser bespritzt. Wasserpistolen sind da noch die harmlosere Variante. Wer nicht aufpasst, wird mit Eimern begossen.

Heute ist *Songkran* in Thailand. Das thailändische Silvester! Wir wollten nicht klatschnass ins Restaurant gehen. Das ist durchaus nicht lustig. Also versuchten wir dann, im Hotel scharfes grünes Chili zu essen. Es war sehr lecker, aber leider fast nicht essbar. Geschmacksnerven besaß nach dem Essen keine von uns mehr!

Den ersten Tag in Phuket verbrachten wir am Strand, dieser ist direkt vor dem Hotel, man muss nur die Straße überqueren. Und nach wenigen Metern Strand kam schon das Meer. Na ja, dafür hätten wir auch nach Mallorca fliegen können. Zehn Meter Strand von der Straße aus. Schirm an Schirm und Touristen, wie frisch vom Ballermann eingeflogen! Dort ist mir natürlich auch der klassische Touristenfehler passiert. Ich habe mir einen schlimmen Sonnenbrand geholt.

Wir hätten uns im Vorfeld vielleicht doch etwas besser über unseren Strandabschnitt informieren sollen: Patong Beach. Wer ein wenig im Internet surft, weiß, wovon ich spreche. Es war einfach nur peinlich, anzuschauen. Hässliche weiße Männer in Birkenstocklatschen mit den schönsten Thaimädchen an der Hand. Und mit hundert Euro im Geldbeutel dort reich wie Bolle.

Die Preise sind hier aufgrund der Touristenschwemme höher als in Bangkok. Die Händler hier lassen auch gar nicht erst mit sich handeln. Wieso auch? Kaufe ich es nicht, kauft es ein anderer. Wir sind dann lieber an einen unserer drei (!) Pools gegangen. Das Hotel an sich ist genial! Das «Duangjitt Resort». Die Hotelanlage umfasst zweihundert Hektar. Es handelt sich um ein Palmenresort mit Spa. Das beste Hotel in ganz Phuket! Uns wären beim Einchecken fast die Augen rausgefallen vor lauter Staunen! Und erst recht, als wir unsere Zimmer in Augenschein nahmen. Jede von uns hat ein Einzelzimmer. Mit riesigem King-Size-Bett, Scheckkarte als Schlüssel, Glasdusche, Edeltoilette und so viel Raum, um sich darin zu bewegen. Ein Zimmer mit Superior Standard! Wir konnten es zuerst überhaupt nicht glauben und überprüften unsere Rechnungen, ob der Preis auch wirklich für fünf Nächte und nicht nur für eine galt.

Da hatten wir wirklich ein Schnäppchenpaket gebucht! Darin waren sogar der Hin- und Rückflug schon beinhaltet. Ich habe insgesamt zweihundertfünfzig Euro gezahlt. Klar, das sind keine

Backpackerzahlen, doch nach den doch etwas anstrengenden letzten Wochen wollten wir unsere Seelen einfach nur baumeln lassen. Endlich fließend Wasser und eine Kanalisation!

Die Händler wollten schon gar nicht mehr mit uns handeln, als sie hörten, wo wir wohnen. Normalerweise kostet eine Nacht im Duangjitt hundert Euro aufwärts!

Gestern standen wir wieder früh auf und unternahmen einen wunderschönen Bootsausflug zu den Inseln Phi Phi Don und Phi Phi Lee. Dort sahen wir die Maya Beach, in der *The Beach* mit Leonardo Di Caprio gedreht wurde! Und sind mit der *Paradise Cruise 2000* gefahren, einem sehr großen Schiff mit tollem Sonnendeck.

Wir aßen sehr gut auf einer kleinen Insel zu Mittag. Das war alles schon im Preis inbegriffen. Transfer, Softdrinks, Kaffee und Kuchen an Bord auch. Und ganz wichtig, die Schnorchelausrüstung! Das Schnorcheln war so schön! Ich will unbedingt bald zum Tauchen gehen. Beim Schnorcheln habe ich viele schöne und in allen Farben schillernde Fische gesehen.

Abends waren wir dann wieder zurück im Hotel. Am Ende hat mich der gesamte Ausflug nur 16 Euro gekostet. Ich bin immer so begeistert von den Preisen. So langsam erhole ich mich auch. Doch meine Familie und meine Freunde fehlen mir inzwischen schon sehr!

Tagsüber liegen wir entweder am Pool und lesen oder liegen am Meer und lesen.

An einem Abend gab es eine sehr schöne, bunte Show mit Tanzeinlagen von wunderschönen thailändischen Frauen. Dachte ich zumindest. Es waren *lady boys*. Auf die ist wohl schon manch betrunkener Tourist hereingefallen und erlebte dann die Überraschung seines Lebens. Man erkennt nüchtern fast nicht, dass es keine gebürtigen Frauen sind. Und das, was einen *boy* ausmacht, besitzen sie auch noch. Ich als Frau habe es da echt gut und werde in Ruhe gelassen.

6. April

Weitere Reiseplanung nach Chiang Mai und Pai

«Wer die Welt bewegen will,
sollte erst sich selbst bewegen.»
Sokrates

Irgendwie komme ich gerade nicht so zum Erholen. Zum Glück tut mir mein Sonnenbrand nicht mehr weh.

Gestern Abend war ich sehr müde, als ich in Nong Khai eintraf. Dort wurde ich von den anderen Volontären so herzlich empfangen. Das war klasse! Ich fühlte mich sofort wieder wie zu Hause! Zu fünfzehnt sind wir zum Abendessen spaziert. Es war zu anfangs etwas schwierig, genügend Tische für uns zusammenzustellen. Später saßen wir alle im zweiten Unterkunftshaus, dem

«Meechai Dorm», gemütlich auf dem riesigen Balkon zusammen.

Heute Abend fliege ich mit einer Freundin aus Holland weiter nach Chiang Mai. Das liegt im Norden von Thailand. Dort übernachten wir ein Mal und fahren Mittwoch mit dem Bus nach Pai. Ich bleibe bis Sonntag und freue mich schon sehr auf die Elefanten.

Jetzt muss ich aber noch einiges erledigen. Zum Glück habe ich morgens schon meine ganze Wäsche gewaschen. Ich hoffe, sie trocknet bis abends. Ich freue mich wieder sehr aufs Fliegen. Es ist mein siebter Flug in vier Wochen. Fliegen in Thailand ist so günstig, das ist der Wahnsinn! So viel kostet mich in München eine Taxifahrt.

19. April

Das Örtchen Pai in den Bergen

«*Schau tief in die Natur,
und dann wirst du alles besser verstehen.*»
Einstein

Diesmal befinde ich mich im hohen Norden Thailands. Ich bin momentan in Pai, einem kleinen Ort auf einer Hochebene, umgeben von grünen Bergen und Dschungel. Die Landschaft ist wunderschön! Ich habe mich vom ersten Moment an in sie verliebt. Doch beginnen wir von vorne. Wir flogen montags von Udon Thani nach Chiang Mai. Mit *Nok Air*! Es war der kleinste Linienflieger, mit dem ich jemals geflogen bin. Ohne Klimaanlage! Während das Flugzeug noch am Boden stand und wir Passagiere einstiegen, wurde aus einem großen Schlauch kühle Luft ins Innere der Maschine gepumpt. Zum Schließen der Tür wurde er natürlich entfernt.

Es wurde unerträglich heiß in der Maschine. Neben mir musste sich eine Thailänderin übergeben. Die Luft wurde dadurch nicht besser. Ich habe ihr meine Flasche Wasser geschenkt, darüber hat sie sich wirklich gefreut! Der Armen ging es richtig schlecht. Mir ging es relativ gut.

Nachts kamen wir schließlich in Chiang Mai an und sind mit dem Taxi zu unserem «Guesthouse» gefahren. Dieses haben wir uns aus dem Lonely Planet herausgesucht, dem, meiner Meinung nach, besten Reiseführer für Backpacker. Darin findet man lauter günstige Unterkünfte. Wir wohnten im «Top North Guest House». Unser Taxifahrer vom Flughafen dorthin hat die ganze Zeit versucht, uns zu überreden, woanders zu übernachten! Er war so nervig und hat uns so viel Blödsinn erzählt. Andauernd hat er von einem Hotel geschwärmt, das viel besser wäre als unseres, weil sich unseres angeblich in einer der finstersten Gegenden befände. Haha, nicht mit uns. Auf diese Touristenfänger-Tricks fallen wir nicht rein.

Unsere Unterkunft entpuppte sich nämlich als ein kleines Paradies. Mit Swimmingpool und Massage- und Spa-Bereich! Und das für vier Euro die Nacht. Sogar mit Klimaanlage im Zimmer. Wir bekamen dort die beste Ölmassage unseres Lebens! Wir waren rundum entspannt, als wir aus dem Spa kamen, und konnten noch kostenlos die Sauna benutzen, das war lustig! Bei vierzig Grad draußen saßen wir drinnen in der Schwedensauna. Danach bekamen wir einen Sarong (ein großes Stück Stoff) und mit diesem sind wir danach zum Erfrischen in den Saunapool gegangen. Thailänder sind ja nicht so offen wie wir Europäer. Nackt baden geht da gar nicht!

Nach dem Mittagessen brachen wir dann auf nach Pai. Vier Stunden fuhren wir mit dem Minivan. Mindestens zwei davon ging es nur Serpentinen rauf und runter durch die Dschungelwälder. Ganz ehrlich, bei dieser Fahrt wurde mir schlecht! Das war für mich schlimmer als die heiße Luft im kleinen Flugzeug. Neben der Straße ging es teilweise steil den Hang hinunter. Wenn Gegenverkehr kam, wurde es erst recht spannend.

Doch es hat sich wirklich gelohnt! Ich liebe Pai! Es ist ein ruhiges, verschlafenes Hippiedörfchen. Die Berge sind ein Traum und ich komme endlich zum Erholen. Unsere Unterkunft gehört zu unserer Organisation. Also zahlen wir nichts für die Übernachtung. Meine Freundin und ich schlafen in einem Zimmer. Wie immer unter einem Moskitonetz. Ohne würde man hier nachts zerstochen werden. Außerdem sind noch ein Amerikaner, ein Ire und zwei Mädels aus Holland da. Das Haus, in dem wir wohnen, ist sehr schön.

Unser Chef Rick aus Nong Khai macht hier momentan Urlaub, witzig! «Mam» ist unsere Thai-Koordinatorin. Sie ist sehr nett. Gestern waren wir mit ihr auf dem Markt, um für unsere Thai-Koch-stunde Zutaten einzukaufen. Wir haben Grünes Curry gekocht. Das war sehr lecker, aber scharf! Doch nicht ganz so scharf wie das Curry, das wir in Phuket gegessen hatten. Diesmal blieben ein paar Geschmacksnerven verschont. Wir gehen viel in der Gruppe zum Essen und es bleibt auch genug Zeit zum Relaxen. Wir bummeln gemüt-lich durch die Straßen oder liegen einfach nur in der Hängematte im Garten und lesen. Ich genieße es so sehr! Eigentlich wollte ich nur bis Sonntag bleiben, doch ich habe Rick schon gefragt, ob ich verlängern kann. Ja, ich kann und bleibe nun bis Sonntag in einer Woche. Darüber freue ich mich wie ein kleines Kind!

Ich habe hier noch so viel vor! Mein Sommer-camp nächste Woche musste ich nun leider absagen. Doch es gefällt mir hier so gut. Außerdem brauche ich die Ruhe, ich merke schon jetzt, wie mein Kör-per sich erholt.

Ich möchte drei Massagekurse belegen. Im Paket dauern diese dann drei Tage. Ölmassage und Aro-matherapie, Fußmassage und Baby- und Kinder-massage. Ich freue mich schon sehr darauf! Das Pa-ket beinhaltet, dass ich zusätzlich drei Massagen für mich umsonst dazubekomme. Klasse. Des Weiteren ist ein Tag mit den Elefanten geplant. Außerdem ein Ausflug zu den Tempeln und zu einer Höhle in der Nähe. Das wird ein Tagesausflug, der auch zu diesem berühmten Bergdorf geht, wo die Frauen ihre Hälse mit vielen Goldketten verlängern.

Klingt nach viel Programm, doch wir unterrichten nur eine Stunde am Tag englisch und die Kinder kommen zu uns ins Haus. Es sind diesmal die ganz Kleinen, zwischen vier und neun Jahre alt. Süß!

Jetzt gehen wir gleich zum Mittagessen.

Ich bin froh, dass es hier so viele Internetcafés gibt. Dadurch kann ich super den Kontakt nach Hause halten. Das ist immer der Wahnsinn. Ich befinde mich irgendwo im Nirgendwo, aber überall ist Internet. Die Welt wird von Tag zu Tag kleiner. Eigentlich bin ich nicht so weit weg von daheim. Nur kilometermäßig. Selbst die Handyverbindung ist hier so gut, da merkt man gar keinen Unterschied.

Gestern Abend war im ganzen Ort Stromausfall. Da haben wir bei Kerzenlicht auf unserem Gasofen gekocht. Wir hatten ein großes Candlelight-Dinner, das war sehr romantisch. Danach sind wir alle in den Ort gelaufen. Überall an den Ständen und Restaurants waren Kerzen aufgestellt. Das war so schön! Eine wundervolle Stimmung. Über uns der Sternenhimmel. Um uns herum Kerzenschein. Ein einziger Supermarkt hatte geöffnet und in den Gängen standen überall Kerzen. So etwas habe ich noch nie gesehen. Es gefällt mir hier unwahrscheinlich gut. Ich bin sehr glücklich! Nach Pai möchte ich dann weiter in den Süden reisen. Mein Plan ist erst Koh Samui für ein paar Tage und dann mindestens vierzehn Tage nach Ko Tao zum Tauchen.

22. April

Pai, Elefantenreiten und Fotos

«They say an elephant never forgets.
What they don't tell you is,
you never forget an elephant.»
Bill Murray

Nervös trat ich von einem Fuß auf den anderen.
Das wollte ich doch immer. Endlich wurde ein
brennendes Verlangen in mir gestillt. Vielleicht.
Eine Schweißperle lief mir über die Stirn. Mein
Gegenüber war charmant, groß, gutaussehend für
sein Alter. Wir hatten uns schon flüchtig berührt.
Ein wohliger Schauer lief mir den Rücken hinunter. Wärme breitete sich in meinem Bauch aus. Ich
wartete geduldig, bis er aufgegessen hatte. Lehnte
mich etwas nach vorne, hielt den Atem an. Er half
mir, die letzte Distanz zwischen uns zu überwin-
den. Reichte mir seinen Rüssel und schob mich auf
seinen Rücken.

Ott, der Elefant. Meine neue große Liebe! Endlich saß ich auf seinem Rücken. Der Ausritt zum Fluss konnte beginnen.

Heute war ich endlich bei meinen geliebten Elefanten. Es war, wie fast alles hier, eine einzigartige und wunderschöne Erfahrung! Ich durfte mit einem Mädchen aus Israel auf «Ott» reiten. Ein Charmeur, um die drei Meter groß und in meinem Alter, vierundzwanzig. Und so was von verfressen, er hat den ganzen Weg zum Fluss zigmal Halt gemacht und uns bei seinen Versuchen, Büsche auszureißen, jedes Mal fast runtergeschüttelt. Man muss aber dazusagen, sein Hunger war berechtigt. Elefanten fressen zweihundert Kilo und trinken dreißig bis fünfzig Liter Wasser am Tag! Ich habe es so genossen, die Elefanten zu streicheln und mit ihnen zu kuscheln. Es hat richtig viel Spaß gemacht. Und entgegen den Befürchtungen einiger meiner Familienmitglieder, ist mir keiner der Dickhäuter auch nur ansatzweise auf die Füße getreten. Erst einmal saß ich zwar falsch herum auf ihm, aber Hauptsache, ich war oben. Die anderen saßen auf Otts Sohnemann, einem viel kleineren Elefanten. Der hatte es im Wasser aber faustdick hinter den Ohren. Kaum war er im Fluss, hat er die beiden gekonnt von sich geschüttelt und freudig trompetet! Die Elefanten haben es geliebt, wenn wir sie nassgespritzt haben, und haben sich natürlich gleich revanchiert und zurückgespritzt. Fairness? Fehlanzeige.

Das Gefühl, einen Elefanten zu reiten, ist einzigartig! Seine Haut fühlt sich etwas stachelig an.

Bei unserem Ritt zurück saß ich vorne, hinter den Ohren und kam mir vor wie eine Königin aus längst vergangenen Zeiten. Wir saßen ohne Sattel auf dem leicht stacheligen Rücken. Einmalig! Doch nach einer Stunde tun einem ziemlich die vier Buchstaben und die Beine weh. Und Ott wackelt natürlich bei jedem Schritt. Ich hatte kein bisschen Angst, aber man ist diesem Dickhäuter ganz schön ausgeliefert. Das ist eine große Vertrauensübung, sich auf einen Elefanten zu setzen. Und neugierig sind Elefanten! Unvorstellbar! In jedem Müll hat er mit seinem Rüssel herumgegraben, jede Plastiktüte wurde aufgehoben und «untersucht». So lustig! Seitdem fühle ich mich wirklich wie neugeboren. Pai tut mir und meiner Seele so gut!

Heute habe ich einige meiner absoluten Lieblingsfotos geschossen. Die werde ich mir zuhause vergrößern.

Meine Freunde sind heute mit Mopeds zu einem kleinen Wasserfall gefahren, doch ich blieb zuhause und habe geschlafen. Oder besser gesagt, ich habe es versucht. Bei fünfundvierzig Grad im Haus ist das etwas schwierig. Wir besitzen zwar Ventilatoren, doch die letzten Tage hatte ich einen ziemlichen Schnupfen. Da bin ich lieber vorsichtig mit den Dingern.

Hier düst jeder auf einem Motorrad herum, aber irgendwie trau ich mich nicht, da mitzufahren. Die fahren nämlich alle ohne jeglichen Schutz. Und eine dünne Stoffhose schützt nicht mal ansatzweise. So lasse ich die anderen eben fahren und meine Seele baumeln. Das brauche ich nun auch. Ich dachte nämlich schon, ich bekomme eine richtige Erkältung. Gestern Abend war ich zudem auch leicht fiebrig. Doch heute geht es mir schon viel besser. Es ist lustig, sich bei diesen Temperaturen einen Kamillentee zum Mittagessen zu bestellen.

Mein Körper erholt sich von Tag zu Tag von meiner Arbeit in den Camps. Deswegen habe ich vermutlich auch den Schnupfen bekommen. Denn kaum kommt er zur Ruhe, merkt er: Gefällt mir, ich will mehr davon, du liegst nun erst einmal für ein paar Tage flach.

Heute ist der Geburtstag von *Mam*, unserer Thai-Koordinatorin. Wir haben ihr einen Kuchen gekauft. Später hat jeder in seiner Landessprache ein Geburtstagslied für sie gesungen. Wir feierten in einem Café. Ihr Kind war auch dabei. Dort gab es thailändischen Eistee. Es tut mir leid, aber der schmeckt so pappsüß. Ich kann das nicht trinken. Es ist schwarzer Tee mit süßer Kondensmilch, Milch, zerstoßenen Eiswürfeln und einem Löffel Zucker. Bei der Erinnerung daran schüttelt es mich gleich. Ich bin kein Fan von Kaffee oder schwarzem Tee.

Eine meiner holländischen Freundinnen ist leider schon abgereist. Mit ihr habe ich mich sehr gut verstanden. Schade, dass sie wieder in Nong Khai ist, doch ich treffe sie nächsten Sonntag. Ich bleibe dann noch wenige Tage in Nong Khai und möchte um den dritten Mai herum in den Süden starten. Dort habe ich schon ein tolles Hotel in Koh Samui gefunden, wo ich es mir dann so richtig gutgehen lasse. Mit Klimaanlage schläft es sich auch tagsüber besser. Und dann lasse ich mich überraschen, wo es mich hinzieht. Ko Tao ist auf jeden Fall geplant, doch ich möchte mich noch nicht festlegen, lieber spontan entscheiden können. Man sieht vor Ort immer so tolle Angebote, das möchte ich ausnutzen. Ich bin ja schon so gespannt auf meinen Yogakurs mit den Mädels morgen! Wahrscheinlich kann ich mich abends dann überhaupt nicht mehr rühren. Und Dienstag geht mein Massagekurs los. Ihr seht, mir wird nie langweilig. Ich erschrecke mich selbst ein bisschen, wie voll ich mir meine Woche wieder gemacht habe. Aber es gibt ja noch so viel zu entdecken.

25. April

Yoga, Massagekurs und Fotos

«Yoga ist der Stillstand der Bewegungen
des Verstandes.»
Patanjali

Guten Abend und «Sabadee Ka». Mir geht es, wie man vielleicht merkt, sehr gut. Gerade bin ich so satt! Wir hatten wieder einen thailändischen Kochkurs. Diesmal gab es Hühnchen süß-sauer, sehr lecker! Ich werde mir schnellstmöglich ein thailändisches Kochbuch zulegen, wenn ich zurück in Deutschland bin. Zusammen zu kochen, neue Zutaten und Gewürze kennen zu lernen. Ich liebe es. Hier fühle ich mich so lebendig. Lebendiger als selten zuvor in meinem Leben. Ich wachse an dieser Erfahrung. Auch daran, allein losgezogen zu sein. Daran, mich gegen Widerstände in Deutschland durchgesetzt zu haben. I am very happy to be here and very proud of myself! Und ich traue mich jeden Tag mehr, Englisch zu sprechen. Am Anfang habe ich meist schüchtern den anderen nur zugehört. Oder dreimal überlegt, ob der nächste Satz wohl richtig ist. Mittlerweile denke und träume ich auf Englisch. Man wächst an seinen Aufgaben. Und durch die Überwindung seiner Ängste.

Gestern habe ich mit meinem Massagekurs angefangen. Er dauert vier Stunden am Tag. Beginn ist um zehn. Ich habe schon gelernt, wie man eine Fußmassage und eine Ganzkörper-Ölmassage gibt. Und dazu kenne ich mich nun auch in der Aromatherapie aus. Es macht viel Spaß, ist aber mit harter Arbeit verbunden! Wir sind zu zweit in der «Klasse». Wie es der Zufall so will, auch eine Deutsche. Wir haben ein Anleitungsbuch, in dem wir mitschreiben, während unsere Lehrerin uns die Handgriffe an ihrer Schwester vorführt. Nach einer kurzen Pause sind dann wir dran. Sie braucht ungefähr eine Dreiviertelstunde, um uns alles zu erklären, und wir brauchen zum Üben eineinhalb. Doch die Mühe lohnt sich, denn danach bekommen wir immer eine professionelle Massage zum Entspannen.

Nach meinem Kurs wandere ich in der Mittagshitze wieder zurück zu unserem Haus und dort geht es dann gleich weiter mit dem Englischunterricht. Erst wenn das vorbei ist, kann ich mich etwas erholen.

Zum Glück, denn es wird irgendwie jeden Tag heißer! Wir sind alle den ganzen Tag ziemlich

124

erschöpft! Man schwitzt, wenn man nur am Tisch sitzt und darauf wartet, dass man kochen darf. Aber so richtig! Da laufen einem die Schweißperlen unter dem T-Shirt hinunter.

Selbst den Thailändern ist es zu heiß. Wir haben zurzeit um die fünfundvierzig Grad! Vorgestern hatten wir unseren Yogakurs. Unsere Lehrerin ist neunundfünfzig Jahre alt, schaut aus wie Anfang vierzig und ist gelenkiger als ich. Was keine große Kunst ist. Sie bekommt spielend ihr Bein hinters Ohr. Und wenn sie sitzt, die Beine angewinkelt hat (ähnlich wie im Schneidersitz, nur dass die Fußsohlen sich berühren), kriegt sie ihre Knie zum Boden und ihren Kopf vor ihre Füße! Probiert das mal! Ich hätte mir dabei fast das Kreuz gebrochen. Unser Kurs dauerte den ganzen Tag und wir bekamen Mittag- und Abendessen bei ihr. Vegetarisch, da sie Hindu ist.

Sie hat ein wirklich beeindruckendes Haus, mit Gebetsecke und allem Drum und Dran. Doch dieses Yoga war vom Gefühl her eher wie Hochleistungssport! Sehr entspannt haben wir uns dabei nicht. Wir spürten jeden einzelnen Muskel in unserer Leistengegend und am Rücken. Das Yoga, das wir fälschlicherweise vor der Buchung dieses Kurses vor Augen hatten, ist ein Atemübungsyoga. Ein ganz sanftes und entspannendes Yoga. Unsere Lehrerin hat das aber einfach übersprungen, da das zu einfach sei. Ächz!

Zum Glück konnte ich mich tags darauf noch bewegen. Ich musste ja wieder zu meinem Massagekurs.

Morgen und übermorgen kann ich mich erholen. Darauf freue mich schon sehr! Mein dritter Kurs, Babymassage, ist dann erst am Samstag. Ich denke ich habe die kleine Maus schon gesehen, an der ich üben darf. Sie ist einen Monat alt und die Tochter der Masseurin. So süß!

Ansonsten lesen wir viel in unseren Pausen. Die Geschäfte und Marktstände öffnen wegen der Hitze erst abends, so gehen wir erst nach Sonnenuntergang bummeln oder etwas trinken. Tagsüber sieht man nur Touristen auf der Straße, keine Thailänder. Die liegen alle in ihren Häusern und erholen sich. Sinnvoll!

Hier gibt es die besten Fruchtshakes, die ich je getrunken habe! Man kann alle möglichen Früchte zusammenstellen und bekommt dann einen halben Liter davon. Oder man bestellt frischgepressten Mandarinensaft. Die Thais sagen dazu Orangensaft. Aber es sind definitiv Mandarinen.

Eine meiner Schülerinnen war so süß! Sie hat mich richtig «abgestempelt». Erst hat sie mir überall einen blauen Stempel verpasst und später musste ich sie dann zum Waschbecken tragen, da wir beide die Stempelfarbe auch im Gesicht hatten. Sie hat es sich nicht nehmen lassen, mir fleißig mein Gesicht zu waschen. So lieb! Ich liebe es, mit Kindern zu arbeiten und von ihnen umgeben zu sein.

Ich werde heute früh ins Bett gehen. Länger als bis um sechs kann man hier auch nicht schlafen, da im Nachbarhaus dann pünktlich die Lokalnachrichten ertönen. Da sitzt man senkrecht im Bett! Wie im Sommercamp.

Ich liebe Thailand, alles ist so anders und es wird einem nie und nimmer langweilig.

1. Mai

Zwischenstopp in Nong Khai

«Die Heimat eines Menschen ist dort,
wo er gedeiht.»
Aristophanes

Die letzten Tage ist wieder so viel passiert, ich kam einfach nicht zum Schreiben. Einerseits hatte ich viel zu tun und andererseits ging es mir die letzten Tage nicht gut. Das ist natürlich eine klasse Kombination!

Ich hatte Probleme mit dem Essen und musste andauernd auf die Toilette laufen. Zum Glück hatte ich die letzten fünf Wochen keine Probleme und ich denke, die Hitze in den Bergen war vielleicht doch ein bisschen zu viel für meinen europäischen Kreislauf. Der Abschied aus Pai fiel mir sehr schwer. Ich habe es geliebt, dort zu sein. Es war wie *daheim sein*.

Mein Babymassagekurs hat mir sehr viel Spaß gemacht. Mein «Baby» war dann doch etwas älter, nämlich schon zehn Jahre alt. Aber es war auch besser, die Handgriffe an einem Kind zu üben. Der kleine Junge hat es genossen und stillgehalten.

Danach habe ich noch eine richtige Thaimassage von einem Vollprofi bekommen. Wahnsinn, die Frau hat meinen Körper verbogen, da war ich selbst erstaunt, dass das geht! Danach hat mir alles wehgetan. Ich gehe jetzt nur noch zu ganz sanften Ölmassagen. Die thailändische Art vertrage ich nicht mehr, dafür ist meine Haut zu sensibel. Und wenn ich «*soft, soft*» rufe, lachen die Massagefrauen immer nur. Soft bedeutet weich. Also das Gegenteil von dem, was sie machen.

Mit mir sind zwei Jungs, die ich seit meiner Anfangszeit in Thailand kenne, zeitgleich nach Nong Khai abgereist. Ich war am schnellsten da, da ich wieder den Minivan nach Chiang Mai genommen habe und dann mit meiner Lieblingsmaschine *Nok Air* nach Udon Thani geflogen bin.

Meinen Flug habe ich genossen. Ich habe nur am Fenster geklebt, habe hinausgesehen und geträumt. Ich saß direkt neben dem Propeller, spannend. Ich habe auch die Passagiere gezählt, genau sechzig passten hinein. Insgesamt war ich acht Stunden unterwegs und die Jungs mit Bus und Zug sechzehn! Aber sie wollten sich ja unbedingt zwanzig Euro sparen.

Es ist schön, zurück in Nong Khai zu sein und einige vertraute Gesichter zu sehen. Die meisten, mit denen ich so viel erlebt habe, sind schon abgereist. Entweder heim oder weiter durch die große weite Welt.

Meine Freundin aus Holland, die, die ich in Pai kennengelernt habe, ist jetzt in meinem Zimmer, darüber freue ich mich sehr. Wir verstehen uns blendend.

Gestern Abend waren wir zur Erholung bei einer Wellness-Ölmassage in einem sehr edlen Massagesalon. Dort mussten wir sogar vor der Massage duschen und bekamen Einwegunterhosen, die wie Windelhöschen aussahen. Da habe ich natürlich gleich wieder eine für mich typische Aktion gebracht. Ich habe den Gummizug an dem Höschen nicht gesehen und dachte mir schon: *Oh, oh die Hose ist doch viel zu klein!*, und genau in dem Moment machte es *Ratsch*! Da hatte ich sie auch schon zerrissen! Das passiert, wenn man mit beiden Beinen durch ein Hosenbein will. Unsere Massagedame hat nur noch irritiert zwischen uns und der zerrissenen Hose hin- und hergeschaut. Wir haben uns gebogen vor Lachen. So etwas ist ihr, glaube ich, noch nie passiert.

Die Massage hat uns sehr, sehr gutgetan. Meine Freundin hat genau wie ich momentan Magen-Darm-Probleme. Nun können wir deutsche und holländische Medizin austauschen. Am Donnerstag geht es voraussichtlich ab in den Süden, ich habe aber noch nichts gebucht. Ich suche noch im

Internet und gehe vielleicht später in ein Reisebüro. Jetzt bin ich schon die siebte Woche hier! Am Pfingstsonntag geht es wieder zurück Richtung Heimat. Ich freue mich schon sehr, alle meine Lieben wiederzusehen!

7. Mai

Koh Samui

*«Der Unwissende hat Mut,
der Wissende hat Angst.»*
Alberto Moravia

So, ich habe nun schon die zweite Nacht in Koh Samui verbracht und fühle mich hier sehr wohl.

Der Abschied aus Nong Khai ist mir sehr schwergefallen. Ich hatte dort eine wunderschöne Zeit. Es war für mich mein Zuhause in Thailand. Mein Basislager. Der Ort, zu dem ich immer wieder zurückgekehrt bin.

Meine letzten Tage dort hatten es noch in sich. Es wurde an dem Tag schon dunkel. Kalter Schweiß stand auf meiner Stirn. Gänsehaut überzog meine Arme. Der Fahrtwind des Rollers ließ mich erschauern. Mit letzter Kraft hielt ich mich an meinem Fahrer fest. Ich war noch nie ein guter Socius. Doch in meinem Zustand war mir alles egal. *Nur nicht herunterfallen*, dachte ich unter Schmerzen. Ich musste unser Ziel heil erreichen.

Sonst war alles umsonst.

Sonst konnte sich nichts ändern.

Sonst musste ich weiter leiden.

Im Kamikaze-Stil bretterten wir durch die Dunkelheit.

Endlich sah ich das erlösende Schild. In Neongrün schimmerte es schöner als der hellste Stern am Himmel. Wir stiegen ab. Mein Fahrer musste mich stützen. Mir blieb nicht mehr viel Zeit. Ich spürte es. Tief in mir.

Schnell holten wir das Medikament aus der Apotheke und düsten zurück zur erlösenden Toilette. Magen-Darm in Asien ist furchtbar!

Mittlerweile geht es mir zum Glück besser. Aber erst nachdem ich samt Dolmetscher in der Apotheke war. Dort habe ich eine Drei-Tages-Kur bekommen. Ich denke, es war ein Antibiotikum. Der Apotheker wollte mir zwar etwas anderes weismachen, doch lateinische Begriffe auf Arzneimitteln bedeuten überall auf der Welt das Gleiche. Eine Durchfallerkrankung in Thailand wünsche ich keinem. Die sanitären Anlagen hier sind, wie schon so oft beschrieben, kein Vergleich zum deutschen Standard. Das macht wirklich keinen Spaß, wenn man andauernd rennen muss und nichts bei sich behalten kann. Ein paar Tage habe ich mich nur von Reis und Toastbrot ernährt. Ich musste das englische Wort für mein Befinden erst im Wörterbuch nachschlagen. Dann bin ich zu meinem Chef. Ich fand es sehr peinlich. Und er hat mir einen Dolmetscher mitgegeben. Ich war auch sehr überrascht, dass das Antibiotikum nicht teurer war. Also für meine Verhältnisse nicht teuer. Schmeckte superekelig, hat aber wahre Wunder gewirkt! Was war ich froh. Krank sein, bei dieser Hitze, ist nichts für meinen Kreislauf. Und ich hatte ja Urlaubspläne.

Wahrscheinlich habe ich es mir bei unserem Ausritt mit den Elefanten in Pai eingefangen. Im Fluss! Der war vielleicht ein bisschen sauberer als der Mekong, da er oben in den Bergen verläuft. Doch die Elefanten verrichteten beide mit Freude ihr kleines und auch großes Geschäft darin. Und das bestimmt nicht zum ersten Mal.

Letzten Samstag bin ich von Udon Thani mit *Air Asia* nach Bangkok geflogen!

Diesen Flug werde ich so schnell nicht vergessen! Kleine Maschine. Ohne Klimaanlage. Die Luft wurde von Minute zu Minute stickiger. Es gab Komplikationen. Blitze erhellten den Himmel. Ein Unwetter verhinderte jegliche Sicht. Ich saß nur einen Meter neben dem Flügel am Fenster, doch den konnte ich bei diesem starken Regen gar nicht mehr erkennen. Jeder Donner ließ das kleine Flugzeug erzittern.

Endlich senkte sich die Maschine zum Landeanflug.

Doch was war das? Der Pilot zog wieder hoch und startete durch. Der starke Regen ließ eine sichere Landung nicht zu.

Es war still in der Maschine. Totenstill. Angst lag in der Luft.

Ich konnte sie spüren. Sie kroch mir in die Glieder. Neben mir saß ein junger Franzose. Wir konnten uns nicht verständigen.

Trotzdem sprachen wir uns still Mut zu. Hielten uns an schweißnassen Händen. Zwei Fremde über den Wolken. Panik verbindet.

Nach zwanzig Minuten kreisen über dem Meer vor Bangkok war der Spuk vorbei.

Ich war noch nie so froh, wieder festen Boden unter den Füßen zu haben. Aber viel Zeit zum Durchatmen blieb nicht, denn kaum gelandet, durfte ich mich sputen. Durch die Verspätung hatte ich nur noch knapp eine Stunde zu meinem Anschlussflug nach Koh Samui. Eilig holte ich meinen Koffer und lief Richtung Anschlussflug.

Ich bin schnellstmöglich über den Flughafen gelaufen. Samt meinem «leichten» Gepäck. Mein Koffer wiegt mittlerweile vierunddreißig Kilo. Bei den Inlandsflügen sind nur fünfzehn erlaubt. Naja, Extragepäck kostet in Thailand ja zum Glück nicht viel und beim Heimflug habe ich dreißig Kilo frei.

Mein zweiter Flug war im Gegensatz zum ersten ein Traum. Mit *Bangkok Airways*! Ich möchte nur noch mit denen fliegen. Gemütliche Sitze. Viel Beinfreiheit. Es gab etwas zu trinken und sogar Abendessen! Das gibt es normalerweise bei Inlandsflügen nicht. Und was noch dazukommt: Dieser Flug war billiger als mit *Air Asia*! Der Sitz neben mir blieb frei, klasse. Das machen sie übrigens oft, fiel mir auf. «Ausländerbonus»?

In Koh Samui wurde ich von einem Fahrer meines Hotels abgeholt. Mein Fahrer hielt ein Schild in die Höhe mit «Miss Nicole-Kristin», so süß! Die denken hier alle, dass Kristin mein Nachname ist.

Zum Flughafen in Koh Samui: So etwas hat die Welt noch nicht gesehen. Die Passagiere wurden in offenen Bummelbahnen vom Flugzeug zum Flughafengebäude gebracht. Dieses «Gebäude» war ungefähr so groß wie ein halber Fußballplatz. An den Seiten komplett offen, aber überdacht. Das Band für unser Gepäck war der Hammer! So stelle ich mir das allererste Gepäckband der Welt vor. Klein, aus Holz mit grünem Gummiband darüber. Man konnte zusehen, wie hinten die Koffer aufgeladen wurden. Klasse! Was ich alles zu sehen bekomme hier in Thailand! Ich hatte dann einen sehr komfortablen Minivan mit Fahrer für mich allein. Ich lag in einem Liegesitz und kam mir vor wie eine Königin! Wir fuhren einen kleinen Hügel hoch. Rechts und links der Straße blühten wunderschöne Blumen und Sträucher. Oben angekommen erreichten wir meine kleine Hotelanlage. Es ist sehr schön hier! Es gibt viele kleine Bungalows und einen Hauptbungalow mit umlaufendem offenem Balkon zum Essen.

Ich habe einen edlen Bungalow für mich allein! Mit riesigem Bett, Couch im Tigerlook, TV,

Kühlschrank, «Westerntoilet» und Klimaanlage. Wenn man am Pool liegt, hat man einen wunderschönen Blick über die Insel und das Meer liegt einem zu Füssen. Gigantisch, vor allem weil fast keine Gäste da sind und ich deswegen praktisch einen Privatpool nur für mich habe! Da lag ich gestern die meiste Zeit allein.

Mein Bungalow hat eine kleine überdachte Terrasse. Auf dieser schläft immer ein streunender Hund. Ein Süßer! Nicht so ein Wadenbeißer wie in Nong Khai. Ich darf ihn sogar streicheln. Er liegt morgens schon unter dem kleinen Vollholztisch und wartet auf mich. Es gibt auch zwei Stühle. Es ist richtig gemütlich. An den Palmen hier hängen Bananenstauden. So schön. Und die farbenprächtigen Blumen überall. Märchenhaft.

Ich genieße das so sehr! Heute bin ich nach dem Frühstück (Reissuppe mit Hühnchen, lecker!) zum Strand spaziert. Dieser ist nur fünf Minuten vom Resort entfernt. Das Wasser ist glasklar und es sind fast keine Leute da. Klasse, aber ich bin ja auch an einem der besseren Strände, «Lamai Beach». Die anderen Strände sind nämlich wieder wie am Ballermann! Ich habe mich diesmal gut informiert, bevor ich hierherkam. Doch ganz allgemein bin ich von Thailands Stränden eher enttäuscht. Dafür braucht man nicht so weit fliegen, das bekommt man in Spanien auch. Der Sand ist grobkörnig und sehr muschelig. Leider sind die Muscheln kaputt. Doch zum Erholen ist es für mich genial. Genau das, was ich gerade dringend gebraucht habe!

An einem Tag machte ich einen Ausflug zu einer Art Zoo. Dort gab es ein Becken mit Krokodilen, die man füttern durfte. Es gab auch eines mit großen Schildkröten, einen Leoparden- und einen Löwenkäfig, diverse Aquarien und eine Vogelvoliere. Ein reiner Tourismusmagnet. Ich hätte sehr viel Geld für Souvenirs dort lassen können.

Die Insel Koh Samui ist genau wie Phuket touristenüberschwemmt, das habe ich schon bei der Fahrt zum Hotel gesehen. Überall sind die Stände an der Seite und allerorts Verkäufer. Sehr kommerziell, nichts von ruhiger kleiner Insel ist mehr übrig. Für Backpacker bestimmt ein Paradies. Doch ich bin da ein bisschen verwöhnt, was das Reisen angeht. Wenn ich da an die Malediven oder die Dominikanische Republik denke. Kein Vergleich!

Die Zeit vergeht wie im Fluge, hier sagt man, «time flies».

10. Mai

Massagen auf Koh Samui

«Nur die Ruhe ist die Quelle jeder großen Kraft.»
Fjodor M. Dostojewski

Lecker, ich habe soeben ausgiebig gefrühstückt! American Breakfast mit Spiegelei und Schinken. Vielleicht war es doch etwas zu deftig. Ich fühle mich gerade fast zu satt! Doch heute brauche ich viel Energie. Jetzt darf ich gleich packen und um halb elf holt mich der Minivan ab. Ich fahre zum Hafen. Von dort geht es mit dem Schiff nach Koh Phagnan. Auf dieser Insel bleibe ich für zehn Tage. Das wird mir guttun. Denn ich habe gemerkt, dass die fünf Tage hier viel zu schnell vergingen. Bis sich das Erholungsgefühl einstellt, muss man leider auch schon wieder packen. Mein Resort hier auf Koh Samui ist nur zu empfehlen. Es ist perfekt, wenn man sich in Ruhe erholen will und andererseits ganz nah am Trubel sein möchte. Dieser ist nur ein paar Minuten entfernt. Einfach hinten ins Dorf runter. Ja, man muss wirklich runter. Unzählige, steile Stufen führen eine ganze Weile nach unten, bis man im Dorf und am Strand angekommen ist.

Die Massagen in meinem Ressort sind übrigens genial! Absolute Wellness- und Ölmassagen! Kein Vergleich zu den Foltermethoden, die ich schon über mich ergehen lassen musste. Ich habe mir jeden Tag eine gegönnt. Ich war sehr verspannt. Mein Pool ist ein Infinity Pool. Wunderschön. Da wir am Berg liegen, sieht es aus, als würde der Pool an einer Seite offen sein und das Wasser den Hang hinunterlaufen. Tut es natürlich nicht. Aber diese optische Täuschung ist der Wahnsinn. Er ist so gebaut, dass es scheint, als ob er mit dem Meer oder dem Horizont verschmilzt. Der Ausblick ist wunderschön. Wie immer waren nur wenige Gäste mit mir hier. Ich konnte mich in Ruhe erholen, meine Bücher lesen und Musik hören. Es stört mich auch gar nicht, dass ich allein reise. Ich genieße es in vollen Zügen. So kann ich runterfahren. Viele Menschen hatte ich jetzt lange Zeit um mich herum. Ein bisschen Abstand tut mir nun gut.

Auf Koh Phagnan werde ich in einem kleinen Resort sein. Darauf bin ich schon sehr gespannt. Die Insel ist auch nicht weit weg. Mit dem Katamaran bin ich in zwanzig Minuten dort. Sie liegt im Golf von Thailand.

13. Mai

Die Insel
Koh Phangan

«Wenn man beginnt,
seinem Passfoto ähnlich zu sehen,
sollte man in den Urlaub fahren.»
Ephraim Kishon

Mir geht es auf Koh Phangan sehr, sehr gut. Ich habe hier mein eigenes kleines Paradies auf Erden gefunden. Es ist schon die dritte Nacht vergangen und ich fühle mich pudelwohl! Mein Resort heißt «First Villa». Es ist klein und weit weg von jeglichem Tourismus. Das bedeutet für mich Entspannung pur! Die Anlage ist ein Familienbetrieb und die Besitzerinnen sind sehr nett. Ich verstehe mich wie immer sehr gut mit ihnen. Überhaupt siebzig Prozent der Bediensteten im Dienstleistungssektor in Thailand sind Frauen. Das ist für mich als Alleinreisende weibliche Person sehr angenehm.

Doch nun zur Insel. Ich wohne in einem traumhaften Bungalow. Genau vor meiner Terrasse ist der Pool und von dort sind es nur noch fünf Meter zum Meer.

Ich bin da. Endlich.

Palmen. Strand. Sonne. Sand.

Ab in den Bikini. Das Meer wartet. Wasser ich komme. Ich sprinte los. Spüre den Sand zwischen meinen Zehen. Jede Unebenheit des Strandes. Knicke um. Rappel mich wieder auf. Humple fröhlich weiter. Nichts kann mich aufhalten. Wasser, ich bin gleich da. Es scheint nicht tief zu sein. Gar nicht tief. Überhaupt nicht. Vielleicht zwanzig Zentimeter tief! Überglücklich hüpfe ich hinein. Und sofort wieder raus. Heiß! So heiß! Wie ein Kind, das ohne zu testen in die Wanne geklettert ist, springe ich zurück an den Strand. Das Meer ist so warm, das glaubt man nicht! Durch Ebbe und Flut ist es zwar an die fünfhundert Meter weit richtig seicht, aber das stört mich gar nicht. Dafür habe ich mir gestern extra bei meinem Ausflug in die Stadt eine riesige Luftmatratze gekauft. Und einen Regenschirm! Jetzt dümpele ich immer auf meiner Matratze, unter meinem Schirm auf dem offenen, warmen Meer herum. Ganz allein. Man sieht nur ab und zu ein Fischerboot vorbeifahren. Es ist herrlich. Unbeschreiblich! Endlich kann ich mich richtig gut erholen.

Wenn ich am Strand stehe, schaue ich nach rechts und sehe meilenweit Strand, Palmen und keinen einzigen Touristen! Schaue ich nach links, sehe ich meilenweit Strand, Palmen und keinen einzigen Touristen! Mein eigener Privatstrand.

Die Geschichte zu meiner Luftmatratze: Beim Shoppen wollte ich mir natürlich auch gleich eine Luftpumpe dazu kaufen. Denn die mit dem Mund aufzublasen ist ja eine Tortur! Doch anstatt mir eine Pumpe zu verkaufen, gab mir die Verkäuferin einen sehr guten Tipp. Ich sollte doch nebenan in der Motorradwerkstatt fragen, ob sie mir weiterhelfen können. Natürlich konnten sie. Für umgerechnet vierzig Cent haben mir die netten Jungs mit ihrem Kompressor in Rekordzeit meine Matratze aufgepumpt. Genial!

Da ich an diesem Tag auch noch groß einkaufen war, stand ich dann in einer mörderischen Hitze am Straßenrand und wartete auf ein Taxi. Mit meiner Luftmatratze unterm Arm und drei randvollen Einkaufstüten! Ich gab bestimmt ein lustiges Bild ab. Und natürlich erschien an diesem Tag ewig kein Taxi. Das eine, das irgendwann endlich kam, hat sich dann leider geweigert, mich bis zur Rezeption meines Hotels zu fahren. Von der Hauptstraße bis dorthin ist der Weg aber auch wirklich eine Zumutung! So viel Schlaglöcher auf einem Haufen habe ich selten gesehen.

Als ich endlich in meinem Bungalow ankam, war ich so erschöpft! Ich habe nur schnell mein Eis (lecker!) ins Eisfach gestellt, Cola, Eistee, Süßigkeiten,

Toast, Marmelade, Minibananen, Mangos und Äpfel, die Grundausstattung eben, verstaut und bin mit meiner neuen Errungenschaft ab ins Meer. Sich darauf treiben zu lassen, die Füße in das warme Wasser zu hängen, das ist Seelebaumeln pur.

Etwas anderes, das ganz wichtig ist, gibt es hier auch. Davon habe ich nachts sogar schon geträumt! Und es war mit einer der Gründe, dass ich dieses herrliche Fleckchen Erde gewählt habe. Mein Bungalow hat eine Badewanne! Mit fließendem, heißem Wasser! Wahnsinn, wie man sich über so etwas freuen kann. Doch kalte Thaiduschen (mit Eimer über den Kopf) hatte ich jetzt doch schon zur Genüge. Jetzt nehme ich jeden Abend ein langes Bad. Beim *7-eleven*, dem berühmtesten Supermarkt in Thailand, habe ich mir ein tolles Duschbad und ein noch besseres Shampoo gekauft. Keine Ahnung, was da drin ist. Aber beides duftet genial.

Ich lese für mein Leben gern. Um mein Englisch zu festigen, lese ich am liebsten die Harry-Potter-Romane im Original. Hier gibt es überall Büchertausch-Ecken. In Cafés, in unserer Basis, auch in manchen Restaurants. Kaum habe ich einen Wälzer ausgelesen, tausche ich ihn um. Auch in Hotels kann man Bücher für den Nächsten liegenlassen. Das finde ich sehr praktisch.

Eines Abends rief sie mich zu ihr. Sie blickte mir tief in die Augen. Ihr Griff um meine Arme verstärkte sich. Unsere Gesichter berührten sich fast.

Versprich es mir, flüsterte sie. Ich konnte es spüren. Sie meinte es ernst. Todernst. In meinem Kopf kreisten meine Gedanken. Wie Hubschrauber auf der Suche nach einem Vermissten. Sie hatte recht. Das war es nicht wert. Das Risiko war zu hoch. Die Folgen zu katastrophal. Also versprach ich es ihr. Hoch und heilig:

nicht auf das berühmte Vollmond-Fest zu gehen. Ihr, der Chefin des kleinen Ressorts, in dem ich mich erholte. Ihr, Typ Mama, die mich beim Einchecken sofort in ihr großes Herz geschlossen hatte. Als junge, hübsche, ausländische Frau, die auch noch allein unterwegs war, riet sie mir dringend davon ab, mit tausenden Partywütigen zu feiern. Denn es gab mehrere Szenarien, wenn ich hinging.

Version 1: Alles ist gut und ich habe Spaß.

Version 2: Nicht alles ist gut. Vielleicht K.O.-Tropfen im Drink.

Folgen katastrophal, eventuell irreparabel.

So nahm ich mein Buch, setzte mich in den noch warmen Sand unter meine Lieblingspalme und sah zu wie die Sonne glühend im Meer versank.

So, bevor mich die Mücken hier draußen noch restlos aufessen, gehe ich jetzt lieber nach drinnen. Ich habe nämlich vergessen, mich mit Tigerbalm einzuschmieren. Das hilft sowohl als Vorsichtsmaßnahme als auch wenn man schon gebissen wurde. Und es ist viel gesünder als Autan. Für Deutschland habe ich mir schon einen kleinen Vorrat für den Sommer besorgt! Hier ist er natürlich, wie alles, günstiger als daheim. Ich bleibe noch bis zum 20. und für die restlichen Tage habe ich noch keine Pläne. Spontan sein ist alles.

Habe ich euch eigentlich schon erzählt, dass ich euch gerade aus der Zukunft schreibe? Denn die Thailänder schreiben schon das Jahr 2550.

Das war nicht so toll

Auf einmal war da Rauch! Überall Rauch! Das Atmen fiel mir schwer. Ich trat in die Pedale, um dem giftigen Nebel zu entkommen. Meine Augen brannten. Die Luft wurde wieder klarer. Ich musste husten. Langsam drehte ich mich um. Und fiel vom Glauben ab. Das konnte nicht sein. Das durfte nicht sein. Das sollte auf keinen Fall brennen!

Was sah ich mit wässrigen Augen? Ein Berg aus Plastikflaschen wurde von hungrigen Flammen verschlungen. Ein Berg höher als die Hütten der Menschen in dieser Gegend. Hunderte, wenn nicht tausende von Flaschen.

Ich roch das Gift. Spürte Ascheregen auf meinen nackten Armen. Sah lachende Kinder auf der Straße Fußball spielen. Alles in mir schrie: Nein!

Falsche Welt!, dachte ich. Mir wurde eines klar. Was ich weiß, weiß nicht jeder.

20. Mai

Überraschung

«Wenn du Heimweh hast», sagte er,
«schau einfach nach oben. Denn der Mond ist derselbe,
egal wo du hingehst.»
Donna Tartt

Überraschung! Übermorgen fliege ich Richtung Heimat und freue mich schon wahnsinnig. Spontan sein ist alles.

Eigentlich wollten mich zwei Freunde aus Nong Khai hier im Süden besuchen kommen, doch die letzten Tage ging alles Erdenkliche schief und wir bekamen partout keine Buchung zusammen. Erst funktionierten unsere Telefone nicht, dann ging das Internet nicht, eine Kreditkarte gab den Geist auf und die guten und günstigen Hotels waren auf einmal alle ausgebucht! Es hat wohl einfach nicht sollen sein. Da lagen uns echt zu viele Steine im Weg. Und erzwingen soll man es dann ja auch nicht. So habe ich heute für mich eine Entscheidung getroffen. Ich habe alles gesehen, was ich sehen wollte, und bin eigentlich «*ready to fly*». Nun bin ich richtig stolz auf mich, dass ich mir selbst treu geblieben bin. Umbuchen ging auch ganz einfach (und billig, nur sechzig Euro Bearbeitungsgebühr!). Jetzt brauche ich nur noch einen Flug von Ko Samui nach Bangkok, doch das ist, denke ich, das kleinste Problem, die fliegen um die zehnmal täglich. Gerade warte ich noch auf mein Abendessen, Hühnchen süß-sauer mit Nudeln, und dann gehe ich mein Gepäck packen. Gestern war ich schon so in Aufbruchsstimmung und habe meinen Koffer ausgemistet! Jetzt kann ich ihn wenigstens wieder tragen. Doch mein Handgepäck ist nun ein bisschen schwerer. Ich befürchte, dass mich, zuhause angekommen, erst einmal der Jetlag zerbröselt, da ich um Mitternacht Thai-Zeit landen werde. Das ist ungefähr um halb sieben abends deutsche Zeit.

24. Mai

Back to Germany

«*Die Welt ist ein Buch.*
Wer nie reist, sieht nur eine Seite davon.»
Augustinus Aurelius

So, nun bin ich wieder daheim. Doch das war alles gar nicht so einfach! Aber der Reihe nach. Am Montag nahm ich gleich das erste Schiff von Koh Phangan nach Koh Samui. Das heißt, morgens um sieben war ich schon auf dem Schiff. Natürlich mit meinem Koffer! Zum Glück hat mein persönlicher Kofferträger in Koh Samui schon auf mich gewartet. Und auf die einhundert Baht Trinkgeld, die er auch bei der Hinfahrt schon bekommen hat. War ich froh, ihn zu sehen! Allein hätte ich das nie geschafft. Es führten nämlich etliche Treppen zum Katamaran hoch. Doch für diesen Muskelmann war es ein Leichtes, mein Gepäck zu verstauen.

Dann schnell zum Flughafen. Ohne Ticket, da ja alles so schnell ging. Doch vor Ort ein Flugticket zu bekommen, ist kein Problem.

Die meisten Backpacker reisen – wie der Name schon vermuten lässt – mit Rucksack durch Thailand. Die meisten, ich nicht. Ich bin immer mit Koffer unterwegs.

Hartschale. Pink! 34 Kilo Kampfgewicht. Trotz Ausmisten? Muss ich das verstehen? All mein Reisebesitz in einem Koffer.

Ich habe mir extra auf dem Markt einen größeren gekauft.

Dann habe ich erst einmal in Ruhe gefrühstückt. Um elf war ich in Bangkok am neuen Flughafen (BKK). Da muss man so aufpassen! Denn meine Freunde kamen zur gleichen Zeit am alten an. Ungünstig. Obwohl ich froh war, dass wir uns doch noch einmal sehen konnten. Am Flughafen habe ich mir noch eine Massage gegönnt. Ich bin dann schon früher in das ausgemachte «Guesthouse» gefahren. Wieder in Sam's Lodge. Dort war ich Ostern schon und kann es wirklich nur empfehlen!

Kaum war ich aus meinem Taxi draußen, stürzten auch schon zwei Männer aus dem Schneidereigeschäft unter meiner Bleibe auf mich zu. Sie stritten sich, prügelten sich fast. Nur einer konnte gewinnen. Er durfte mir mit meinem Koffer helfen.

Er machte Witze, versuchte zu flirten und zog meinen Koffer am Griff Richtung Eingang. Da stand er mit dem Rücken zur Türe, auf der ersten Stufe. Hielt Blickkontakt und versuchte, mein Gepäck am Griff die Stufe hochzubekommen.

Er war klein. Mein Koffer nicht. David gegen Goliath.

Plötzlich fiel er hinten über in die Tür!

Ohne Koffer. Aber samt Griff in der Hand.

Ich glaube, meine Reiseapotheke war doch zu schwer.

Mich hätte es fast zerrissen vor Lachen. Ich musste mich so zusammenreißen. Aber sein Gesicht war so göttlich! Darin stand blankes Entsetzen. Mit beiden Händen noch den Griff umklammernd, schaute er mich total ungläubig an. Ich konnte ja schlecht sagen, dass das mal wieder typisch für die thailändische Qualität ist. Ich habe dann nur gemeint, dass der Koffer schon sehr alt sei. War er nicht! Brandneu, aus Bangkok. Ostern gekauft!

Später hat sich dann herausgestellt, dass er der Hotelmanager war. In meinem Zimmer konnte ich dann endlich lachen.

Da war ich also wieder in Bangkok, meiner Stadt der Engel. Doch da ich meine Freunde, mit denen ich mich noch ein letztes Mal treffen wollte, lange nicht erreichen konnte, erfuhr ich leider ein bisschen zu spät, dass sie in ein anderes «Guesthouse» gefahren waren. Klasse! Ich denke die beiden wollten ihre restliche Pärchenzeit noch genießen. Sie hatten sich hier in Thailand kennen und lieben gelernt. Ich habe dann das Beste daraus gemacht und mich den restlichen Tag erst einmal im Zimmer erholt. Ich war sowieso so müde von meiner Früh-Aufsteh-Aktion!

Wir haben uns dann abends in der *Kaosan Road*, der berühmtesten Backpackerstraße Bangkoks getroffen! Ganz ehrlich, diese Straße ist eine Mischung aus Ballermann und Las Vegas. Echt nicht zu empfehlen, mir hat es da ganz und gar nicht gefallen! Und so schlecht habe ich in ganz Thailand nicht gegessen wie dort! Aber es wurde ein lustiger Abend mit meinen Freunden und wir haben uns gefreut, dass es doch noch geklappt hat mit einem Treffen.

Ich bin dann wieder mit dem Taxi durch die ganze Stadt zurück in mein Hotel gefahren. Einmal komplett durch bis an das andere Ende. Und mein Taxifahrer war so genial!

Beim Ersten bin ich wieder ausgestiegen, denn sein Preis war unverschämt hoch und er wollte sein Taxameter nicht einschalten.

Doch der Zweite dann! Er wollte sein Taxameter auch nicht einschalten. Er beabsichtigte auch zu handeln. Ich wusste ja von der Hinfahrt, dass die Fahrt knapp neunzig Baht kostet. Dann meinte er einhundert. Da ich schon zu müde zum Handeln war (und wegen zwanzig Cent!), sagte ich einfach «Ja». Da fing er lauthals zum Lachen an und hüpfte vor Freude in seinem Sitz auf und ab! So etwas habe ich noch nie gesehen! Ein kleiner Thaimann, der sich freut wie ein kleines Kind – göttlich! Er dachte wohl, dass er mir gerade so eins ausgewischt und einen super Deal gemacht hatte. Das war so klasse!

Dienstag ging es dann frühmorgens wieder zurück zum Flughafen BKK. Wegen Verdacht auf Rushhour und Stau bin ich extra früher losgefahren. Ihr seht schon, viel Schlaf habe ich in meinen letzten Tagen in Thailand nicht bekommen! Das Taxi kam gut durch und um viertel nach acht war ich dann auch schon in der Abfertigungshalle. Ich freute mich sehr, da ich somit gute drei Stunden Zeit hatte, in Ruhe einzuchecken. Doch leider lief alles anders und meine Maschine hatte drei Stunden Verspätung!

Das hieß, ich musste sechs Stunden auf meinen Flug warten! Ich durfte gar nicht daran denken, wie lange ich noch hätte schlafen können.

Zum Glück ist der Bangkoker Flughafen brandneu, riesig und einfach genial! Man kann dort so viel unternehmen. Ich habe es mir erst einmal in der Skylounge gemütlich gemacht, mir etwas zu trinken bestellt und gelesen. Später dann im internationalen Bereich wären mir fast die Augen übergegangen, so toll war es da! So viele Möglichkeiten zum Einkaufen, verschiedenste Cafés, Restaurants, Burger King und vieles mehr.

Klasse!

Ich bekam von meiner Fluggesellschaft wegen der Verspätung auch noch einen Essensgutschein. Gerade richtig, wie ich mich freute.

Mein Flug an sich war wieder klasse, da ich als letzte eingecheckt hatte (Taktik!) konnte ich fragen, ob der Flieger sehr voll besetzt sei und ob ich nicht allein in einer Reihe sitzen könnte. Der Flieger war nicht ausgebucht und ich hatte vier Plätze für mich allein! Das hieß viele Kissen und Decken. Es war meine eigene Couch über den Wolken! Einfach genial, ich werde ab jetzt immer nachfragen.

Elf Stunden und 8808 Kilometer später war ich dann wieder zurück!

Es war eine wunderschöne Erfahrung!

Ich habe so viel erlebt, als wäre ich ein ganzes Jahr weggewesen.

Ich liebe Thailand über alles und werde auf jeden Fall so bald wie möglich wieder dort hinfliegen. Denn dort schlägt mein Herz!

Danksagung

Danke zuerst an dich! Danke, dass du mit auf meine Reise gekommen bist. Ich hoffe, ich konnte dich etwas mit meiner Begeisterung mitreißen. Vielleicht konntest du auch die warme Sonne Thailands während des Lesens spüren.

Ein großes Danke geht an meine fantastische Community von LinkedIn. Ihr wisst, wer gemeint ist. Danke an Rebecca, Ira, Alexia, Bettina, Stefan, Mila, Silvia, Ulrike, Nicole S. und all meine treuen Follower, Fans und mittlerweile Freunde.

Denn was als Vorstellungsbeitrag begann, wie ich zu Pressearbeit kam, entpuppte sich als Startschuss für viele erheiternde Posts über meinen Thailandaufenthalt. Mein Reisetagebuch von damals musste ich also für euch überarbeiten. Daran führte kein Weg vorbei.

Weitere Buchprojekte sind in Arbeit. Viele weitere Geschichten warten darauf, auf Papier niedergeschrieben zu werden.

2007 war Fliegen noch etwas Besonderes und der Klimaschutzaspekt wurde nicht so thematisiert wie heute. Deswegen seht es mir bitte nach, dass ich so begeistert darüber berichtet habe.

Meiner Cousine Lucia möchte ich ein ganz großes Danke schicken! Danke, dass Du jeden Moment an mich geglaubt hast, danke für Deine Unterstützung, wenn ich Durchhänger hatte.

Meinen beiden Jungs, die mich tatkräftig mit Ideen versorgt haben. À la «Mama, schau Dir doch nochmal die Bilder von Thailand an, dann fällt dir noch eine Kleinigkeit auf, die noch rein sollte.» Oder die mich mit trockenen Kommentaren aus Krisen geholt haben. Einmal hatte ich die Formatierung zerstört. Panik stieg in mir auf. Mein Sohn von der Seite «Klicke einfach auf zurück!» Was war ich dankbar!

Meiner Schwester im Herzen, Marita: Danke für einfach alles!

Natürlich meinem Team vom im-selbstverlag. Für das wunderbare Lektorat und die wertschätzende Zusammenarbeit auf Augenhöhe.

Und zu guter Letzt: Danke, Herr Bauer! Sie wissen wofür! Ohne Sie wäre ich nicht da, wo ich heute bin

und wahrscheinlich wäre dieses Buch in dieser Art
nie entstanden.

Folge auch du mir gern auf LinkedIn.